D1930624

NEUKÖLLN

aus der Reihe

Der kleine Stadtteilführer Berlin

2.Auflage

doggerbank verlag Berlin

EINLEITUNG

LIEBE LESERIN,
LIEBER LESER,

Neukölln ist voller Wunder. Selten weiß man, was einen an der nächsten Ecke erwartet. Wo gerade eben noch ein Hundefriseur die Pudel älterer Damen frisierte, lädt jetzt eine Galerie oder Bar zur Einkehr ein. Ein U-Bahnkiosk verwandelt sich in einen Imbiss für japanische Reisbällchen, und sogar am tristen "Platz der Stadt Hof" in der Karl-Marx-Straße wird jetzt alles anders. Räume kreativ nutzen - darin sind die Neuköllner derzeit ganz groß. Wie wäre es etwa mit einem Campingwagen in einer Fabriketage, wie z.B. im Hüttenpalast (S.81)? Das finden Übernachtungsgäste aus aller Welt große Klasse. Auch das Tempelhofer Feld (S.51) mit seiner fast unendlichen Weite weckt neue Ideen, ein Hüttendorf für Kinder ist dort entstanden, und auf Gemüsebeeten wachsen Kartoffeln, Radieschen und Möhren. Manch alteingesessener Bewohner erkennt seinen Kiez nicht mehr wieder, aber vielleicht ist das auch ganz gut so - denn Still- und Leerstand haben besonders dem Norden Neuköllns lange genug zugesetzt. Jetzt herrscht Aufbruchstimmung im spannendsten und spannungsreichsten Berliner Bezirk. Viel Spaß beim Entdecken!

NEUKÖLLN

Themenkästen

INHALT

Portraits

NEUKÖLLN

Gutspark Britz

Mit Schloss, Neukölln-museum, Kühen und Ziegen (S.27)

48h-Neukölln

Das Kulturfestival Nr.1 mit 600 Veranstaltungen an 340 Orten (S.33)

Hufeisensiedlung

UNESCO-Welterbe: bunte Häuser und viel Grün (S.27)

Britzer Garten

Natur und Spaß im Hexengarten, Lehmdorf und bei Konzerten (S.48)

DAS BESTE

Heimathafen

Unterhaltsames Volkstheater über den Alltag in Neukölln (S.40)

Rollbergbier

In der ehemaligen Kindl-Brauerei wird wieder Bier gebraut (S.73)

Rütli-Wear

Schüler entwerfen coole Drucke auf Shirts und Pullovern (S.55)

Robin Hood

Toller Spielplatz in Rudow mit Baumhäusern und Piratenschiff (S.86)

-Anzeige-

RollbergSchnitte
Leckerbissen für Kreative

Großzügige 1- bis 2-Zimmer-Wohnungen in Neukölln.

Wohnbeispiel:
2 Zimmer, Aufzug, Balkon, Einbauküche,
61 m², 500 € warm

Servicebüro Neukölln
Hermannstr. 208 – 210
12049 Berlin
Telefon: 030 6892 6825
www.stadtundland.de

STADT UND LAND

M A G A Z I N

5 ORTE - 1 BEZIRK

Es gibt eine Menge Neuköllner, die niemals behaupten würden, Neuköllner zu sein. Sie sind Rudower, Buckower, Britzer. Neuköllner nennen sich selber nur die Einwohner Nord-Neuköllns und etliche Bewohner der Großsiedlung Gropiusstadt (S.10). Seit der Eingemeindung 1920 umfasst Neukölln - mit ca. 315.650 Einwohnern einer der bevölkerungsreichsten Berliner Bezirke - auch die ehemaligen Dörfer im Süden. Doch noch immer wollen die Einwohner dort lieber sein, was sie früher waren: Rudower, Buckower....

Britz *[CDEF]*

1375 wird der Ort erstmals urkundlich als Ansammlung von vier Rittergütern erwähnt. Heinrich der Jüngere und Otto von Britzke sind 1416 Besitzer des Dorfes. 1706 wird ein neues Gutshaus erbaut, das heute noch Teil von Schloss Britz (S.27) ist. 1856 hat Britz über 1000 Einwohner, 75 Jahre später mehr als dreimal soviel. Heute wohnen über 38.000 Menschen dort. Bekannt ist der Stadtteil auch wegen dem Britzer Garten (S.48).

Buckow *[EF]*

Im 13. Jh. gegründet, war Buckow ein kleines märkisches Dorf mit 135 bis 250 Einwohnern und einer Feldsteinkirche (S.29). Im 19. Jh. wuchs die Gemeinde auf über 1200 Einwohner an. Nach der Eingemeindung nach Berlin 1920 wurde Buckow Teil des Berliner Bezirks Neukölln. 1933 lebten bereits 5640 Menschen in Buckow. 1962 beginnen die Arbeiten für die Großsiedlung Gropiusstadt auf damals Buckower und Rudower Boden. Knapp 38.000 Neuköllner wohnen heute in Buckow.

Gropiusstadt *[EF]*

Ursprünglich als Wohnort für rund 30.000 Bewohner konzipiert, wohnen heute über 50.000 Menschen in der Großsiedlung zwischen Buckow und Rudow. Benannt nach dem Architekten Walter Gropius, der die Entwürfe für die Siedlung lieferte (siehe auch S.26).

Neuköllns Norden *[ABCD]*

Ein Gebiet, das vom Maybachufer bis zur Stadtautobahn im Süden reicht. Hier leben über die Hälfte aller Neuköllner. Rund 160.000 Bewohner hat dieses Gebiet, das offiziell im Bezirk als Neukölln bezeichnet wird, mit sozialen Brennpunkten, hoher Arbeitslosigkeit und hohem Migrantenanteil (ca. 50 Prozent). Seit einigen Jahren ziehen immer mehr Künstler, Designer und Kulturschaffende her und eröffnen Ateliers, Läden und Bars. Auch viele internationale Touristen tummeln sich in Nord-Neukölln, um in das vielfältige Nachtleben einzutauchen. Körner-, Schiller- und Reuterkiez sowie Rixdorf (S.18) sind beliebte Wohnviertel. Bis 1912 befand sich hier die Stadt Rixdorf, die in Neukölln umbenannt wurde (S.22).

Rudow *[F]*

Eine der ältesten Siedlungen in der Region mit hübscher Kirche (S.29). Der Name stammt aus dem Slawischen

Die Karl-Marx-Straße ist die Lebensader in Nord-Neukölln

und bedeutet Erz. Hier wohnten bis zum 19.Jh. zwischen 150 und 300 Einwohner. Heute wohnen rund 41.000 Neuköllner in Rudow.

LIKÖR UND T-SHIRTS

Extravagante Unterwäsche oder Ohringe aus Kronkorken: Immer mehr Kreative zieht es nach Neukölln. Das Label JR Sewing (S.55) ist für seine „Is mir egal, ich lass das jetzt so"-Shirts berühmt. Beliebt ist auch Rütli-Wear (S.55) - von Schülern gestaltete T-Shirts. Im Netzwerk Mode & Nähen Neukölln (*www.nemona.de*) sind mehr als 30 Label vereint.

Künstler und Kunst

Günstige Mieten, internationales Flair und das lebendige Gefühl eines Stadtteils im Umbruch locken auch viele Künstler an. So haben sich der Norweger Ingar Dragset und der Däne Michael Elmgreen in einem alten Pumpwerk ein Atelier mit Wohnung eingerichtet. Die Skandinavier haben u.a. das Mahnmal für die vom Naziregime verfolgten Homosexuellen im Berliner Tiergarten gestaltet. Aus den Niederlanden stammt hingegen der Schriftsteller und Klangkünstler Rinus van Alebeek. Mit einer Gruppe internationaler Mitstreiter hat er in Neukölln Staalplaat (S.56) gegründet, einen Plattenladen mit integrierter Galerie und Musiklabel. Künstler aus aller Welt sind auch beim N.K. Projekt (S.44) beteiligt.

Bio-Bier statt Kindl

Traditionell wird in Neukölln eher Trinkbares hergestellt: Die 1872 gegründete Biermarke Berliner Kindl und die Rixdorfer Fassbrause sind Aushängeschilder, gehören aber mittlerweile zur in Weißensee produzierenden Radeberger Gruppe. Dafür braut der gebürtige Neuköllner Wilko Bereit (S.73) seit 2009 getreidiges Rollberg Bio-Bier in der alten Kindl Brauerei. Diese war früher eine der größten Brauereien Berlins. Seit 2005 dominieren hier Kultur, Kunst und Events. 2012 wurde auf dem Gelände der Club Cube (S.78) eröffnet.

Wein und Brot

Sogar Wein wird in Neukölln angebaut. Allerdings ist die Ausbeute nicht sehr ergiebig, eine Kostprobe kann man sowohl auf dem Weingut Britz beim Hobbywinzer Viktor Sucksdorf (S.51) als auch auf dem Weihnachtsmarkt am Richardplatz (S.112) bekommen. Dort wird der Wein aus dem Schulgarten der Carl-Legien-Berufsschule verkauft. Im Handel sind die Weine nicht erhältlich. Ganz im Gegenteil zum Apfel-Anis-Likör Neuköllnisch Wasser von Jagudost (*www.neukoellnisch-wasser.de*), der es sogar in die Karstadt-Feinkostabteilung geschafft hat. Wer den Alkohol mit Brot neutralisieren möchte, sollte zum Märkischen Landbrot (*www.landbrot.de*) greifen. Seit 1981 werden von der Neuköllner Biobrotfabrik aus die Bioläden mit Demeter-Laiben beliefert. Oder wie wäre es mit Marzipan? Lemke (*Fabrikverkauf S.58*) produziert in Britz jährlich 12.000 Tonnen Marzipan und Persipan.

Stoffmarkt [A2]

Hier ballt sich Futter für Nähmaschinen: Auf dem Stoffmarkt am Maybachufer kaufen samstags Kreative aus der ganzen Stadt ein. Wer nicht selber Hand anlegen will, kann auch fertig Genähtes kaufen, Handytäschchen mit Borte etwa, Kissen, Babybodys oder Schürzen für Spülmittelflaschen. VerkäuferInnen zahlen je nach Tischgröße 16 bis 28 Euro pro Stand, gewerbliche Unternehmen zahlen mehr. *Sa 11-17 Uhr, Maybachufer, Tel. 297 724 86, www.neukoellner-stoff.de, U 8 Schönleinstraße*

BAUSTELLE BILDUNG

Reformpädagogik

Innovative Bildungspolitik hat in Neukölln Tradition. Früh wurde die um 1900 entwickelte Idee der Reformpädagogik und das damit verbundene Konzept der achtjährigen Einheitsschule in Neukölln praktisch erprobt. So entstand in den 20er Jahren Berlins erste Einheitsschule in der Sonnenallee 79. Gegründet wurde sie von Fritz Karsen. Nach ihm wurde 1956 die Gesamtschule in der Hufeisensiedlung (S.27) benannt, sie ist die älteste Gesamtschule Deutschlands. Seit 1948 gibt es hier Unterricht für Kinder aller Altersstufen und Leistungsniveaus.

Campus Rütli

Ein ähnliches Vorreiter-Projekt entsteht seit 2007 auf einem Gelände um die Rütlistraße ***[A2]***. Der Campus Rütli (*www.campusrütli.de*) wird u.a. um ein Elternzentrum erweitert und vereint auf 41.000 m^2 als Bildungs- und Stadtteilzentrum drei Schulen, zwei Kitas, einem Jugendclub, Erwachsenenbildungseinrichtungen, Beratungsstellen und vieles mehr. Dieses ganzheitliche Bildungsangebot ist in Deutschland einmalig.

Stadtteilmütter und -väter

Ideen hat Neukölln auch bei der Integration. Arbeitslose Mütter mit Migrationshintergrund werden zu Sozialarbeitern (Stadtteilmüttern) ausgebildet, um Problemfamilien ohne Sprachbarrieren helfen zu können. Das Projekt ist derart erfolgreich, dass auch andere Orte dieses Modell übernommen haben. Seit 2009 sind in Neukölln auch ca. zwanzig Stadtteilväter engagiert, und die türkische sowie eine multiethnische Vätergruppe dienen dem Austausch bei Erziehungs- und anderen Fragen (*Kontakt: Kezim Erdogan, Tel. 688 74 815, www.aufbruch-neukoelln.de*).

1001 BAR

Die Entwicklung ist rasant und faszinierend. Seit ein paar Jahren sprießen fast jeden Monat neue Kneipen und Bars aus dem Nord-Neuköllner Steinboden. Vornehmlich sind es alte Ladengeschäfte mit Schaufenster in der Weserstraße (S.75) und Umgebung, die junge Berliner animieren, es statt mit Studium oder Designerladen mal mit Bierzapfen zu versuchen. Gäste sind oftmals Anwohner und immer öfter auch Touristen. Dank der noch relativ günstigen Mieten ist das Bier billig, das lockt vor allem jüngere Leute an. Clubs mit Bühne oder Veranstaltungszentren gibt es wenig. Dafür darf in der ein oder anderen Kneipe auch getanzt werden, es werden Ausstellungen gezeigt, Konzerte gegeben und Lesungen veranstaltet. Das Fuchs & Elster (S.74) ist mit seinem Kellerclub einer der Klassiker auf diesem Gebiet.

Fuchs & Elster ist Kneipe und Veranstaltungsort zugleich

Nord-Neukölln, das Versuchszentrum für Kreative, lebt vom klarem Bekenntnis, Amüsierviertel sein zu wollen. Zur Unterhaltung ihrer Gäste las-

Identifikation mit einer Kröte: Kunstwerk der Rütli-Schüler

sen sich die Wirte immer wieder Neues einfallen. Genau richtig, um es als Szene-Viertel regelmäßig auf die Titelseiten von (Internet-)Lifestyle-Magazinen und Blogs zu schaffen.

BÜCHER UND FILME

Das Image zu verbessern, hat sich das Internetmagazin Neukölln TV (*www.neukoelln-tv.de*) zur Aufgabe gemacht, hier wird über das „andere Neukölln" berichtet. Ebenfalls im Internet veröffentlicht der Sender Freies Neukölln (*www.sender-fn.de*) kritische Wochenrückblicke. Einen analytischen Blick auf Integrationsprobleme wagen die Regisseure Agostino Imondi und Dietmar Ratsch in ihrem Film „Neukölln Unlimited" über eine libanesische Familie sowie Fadi Saad in seinem Buch „Der große Bruder von Neukölln". Yasemin Güner Balcis (S.39) „Arabboy" und Ursula Roggs „Nord Neukölln" handeln vom tristen Alltag mancher Jugendlicher. Auch Detlef Bucks Film "Knallhart" zeigt ziemlich real, was hinter Neuköllns Fassaden so alles los ist. Satirisch geht es dagegen in Uli Hannemanns „Neulich in Neukölln" und Johannes Groschopfs „Hinterhofhelden" zu.

GESCHICHTE

NEUKÖLLN

ÜBERBLICK

Aus Dörfern wird ein Bezirk

So alt wie Cölln (1237), der einstigen Stadt, die mit Berlin verschmolz, ist auch die Besiedelung auf dem Gebiet des heutigen Neuköllns. 1237 fand das Dorf Britz (S.10), einer der heutigen Bezirksteile von Neukölln, erstmals urkundlich Erwähnung. 1360 wurde Richardsdorf urkundlich erwähnt, das spätere Rixdorf, ebenfalls heute Neukölln. Insgesamt entstand der Berliner Bezirk Neukölln aus fünf Dörfern: Rixdorf, Böhmisch-Rixdorf, Buckow, Rudow und Britz. Kern sind jedoch die Dörfer Deutsch-Rixdorf und Böhmisch-Rixdorf, die ab 1874 die rasant wachsende Gemeinde Rixdorf bildeten. Um die vorletzte Jahrhundertwende hatte Rixdorf bereits über 80.000 Einwohner und bekam 1899 Stadtrechte verliehen. Weil der Ort vor rund hundert Jahren jedoch aufgrund seiner ausschweifenden Amüsiergastronomie (S.21) zunehmend

Glaubensflüchtlinge gründeten Böhmisch-Rixdorf

in Verruf geriet, wurde Rixdorf 1912 in Neukölln umbenannt. Namensgeber war die nördlich gelegene Vorortsiedlung der einstigen Doppelstadt Berlin-Cölln.

Internationaler Stadtteil

1920, im Rahmen der Berliner Gebietsreform, wurde Neukölln zusammen mit den Dörfern Britz, Rudow und Buckow nach Berlin eingemeindet. Seit der Verwaltungsreform 2001 ist Neukölln einer von zwölf Großbezirken Berlins. Mit rund 315.650 Einwohnern aus 147 Nationen ist Neukölln einer der bevölkerungsreichsten und internationalsten Bezirke.

Bezirkswappen: Orden & Adler

Ursprünglich wurde die Keimzelle Neuköllns, das Dorf Rixdorf (urspr. Richardsdorp), von Rittern des Tempelordens gegründet. Zwischen der damaligen Stadt Cölln und Köpenick entstand ein Dorf mit 14 Familien. Gerade mal hundert Menschen lebten hier vor rund 575 Jahren! Das Johanniterkreuz im Bezirkswappen erinnert an den Verkauf des Dorfes an den Johanniterorden. Außerdem zeigt

Mit Bär seit 1956: das Wappen von Neukölln

das Wappen, das seit 1903 für Neukölln (früher Rixdorf) steht, den brandenburgischen Adler, der früher das Wappentier der Stadt Cölln war, von der Rixdorf mehrere Jahrhunderte verwaltet wurde. Der silberne

Abendmahlskelch soll an die böhmischen Siedler (S.20) erinnern. Die Mauerkrone symbolisiert das Stadtrecht. Seit 1956 ziert auch der Berliner Bär das Wappen.

Böhmisch Rixdorf

Vor ca. 275 Jahren wurde nördlich des Richardplatzes auch böhmisch (tschechisch) gesprochen (S.24). Evangelische Glaubensflüchtlinge aus Böhmen siedelten sich hier ab 1737 auf Einladung des preußischen Königs Friedrich Wilhelm I. an und gründeten das Dorf Böhmisch-Rixdorf. Mehr als hundert Jahre lang bewahrten die rund 320 Einwanderer ihre böhmischen Wurzeln und religiösen Bräuche. Noch heute kann man in der Richardstraße und am Richardplatz Spuren der dörflichen Geschichte Neuköllns entdecken (S.24).

Heute wie damals: Biergärten, hier Brauhaus in Rixdorf

"In Rixdorf is Musike"

"Uff den Sonntag freu ick mir. Ja, denn jeht et `raus zu ihr, Feste mit verjnügtem Sinn, Pferdebus nach Rixdorf hin!

Dort erwartet Rieke mir, Ohne Rieke keen Pläsir! In Rixdorf is´ Musike, Da tanz ick mit der Rieke, in Rixdorf bei Berlin."

Das Lied von Oskar Klein (nach der Melodie von Eugen Philippi) war vor rund hundert Jahren ein Hit und zeugte davon, was Rixdorf für die Berliner war - der richtige Ort, um zu feiern und es mal richtig krachen zu lassen! Ca. 150 Gaststätten, Tanzlokale und Varietés sorgten dort für Abwechslung.

Biergärten an jeder Ecke

Größter Betrieb war die Neue Welt (*heute Huxleys S.78*), Bergschloßbrauerei Hasenheide mit über 20.000 Plätzen allein im Biergarten. Hier gab es nicht nur eine günstige Molle (Bier), sondern auch Volkstheater, Konzerte, Zirkusvorstellungen und Boxkämpfe. Auch politische

Berühmt: Neuköllner

Sie haben das Turnen erfunden oder sind als Schaupieler groß rausgekommen. Berühmte Neuköllner sind Ringer und Widerstandskämpfer Werner Seelenbinder (1904-1944), "Turnvater" Friedrich Ludwig Jahn (1778-1852, Foto) oder Erpresser Arno Funke alias Dagobert. Christiane F., die mit "Wir Kinder vom Bahnhof Zoo" traurige Berühmtheit erlangte, ist in Gropiusstadt (S.26) aufgewachsen. Auch bekannt: Inge Meisel, Horst Buchholz, Frank Zander (S.45).

Vereine und Initiativen, u.a. die Arbeiterbewegung, trafen sich in den Vergnügungsstätten. Ganz so harmlos wie "In Rixdorf is Musike" angedeutet, ging es in nicht immer zu, denn zwischen Hasenheide und Richardplatz wurde nicht nur gefeiert und diskutiert, sondern vor allem getrunken. Das artete regelmäßig in (Massen-)schlägereien aus.

Neuer Name, neues Image

1912 war Rixdorfs Ruf wegen der ständigen Saufe- und Raufereien derartig ruiniert, dass die Politiker mit Einverständnis Kaiser Wilhelms II. die Stadt in Neukölln umbenannten. Auf diese Weise wollte man nicht nur einen Neustart anzeigen, sondern auch mehr zahlungskräftiges Bürgertum anlocken. Denn Rixdorf alias Neukölln war eine arme Stadt mit sozialen Brennpunkten. In den 1920er und 30er Jahren galt Neukölln dann als kommunistische Hochburg. Nach dem 2. Weltkrieg gehörte Neukölln zum US-amerikanischen Sektor.

Neues Leben in der Brauerei

Die engen Wohnbedingungen, etwa im Rollbergviertel, wurden durch Abriss und Neubau zwar gelöst, soziale Probleme jedoch sind geblieben. Auf dem ehemaligen Kindl-Brauereigelände mit Festsälen ***[A4]*** zwischen Hermannstraße und Karl-Marx-Straße, einst eine der größten Brauereien mit Schankbetrieb überhaupt, verkauft eine Woolworth-Filiale heute Billigklamotten und Kochtöpfe. Künstler haben dort ihre Ateliers, im Sudhaus stellt eine Galerie (S.32) aus, und im Club Cube (S.78) wummern die Bässe. Die Biobrauerei (S.73) von Wilko Bereit knüpft an die Tradition an und braut wieder Bier auf dem Kindlgelände. Hopfen und Malz sind in Neukölln also doch noch nicht ganz verloren.

KLEINE STATISTIK

Einwohner: 315.650 (08/2012)

Fläche: 44,9 km^2

Arbeitslosigkeit: 17,5 % (Stand 08/2012)

SEHENSWERT

Der böhmische Gottesacker versteckt sich hinter Häusern

AMTSGERICHT NEUKÖLLN [A4]

Mächtig thront der Bau neben dem Rathaus Neukölln und zeugt von der Zeit, als Rixdorf (S.18), das spätere Neukölln, eine Großstadt war. Das Gericht wurde 1899 bis 1901 nach Entwürfen der Architekten Faerber und Bohl im Stil der Neo-Renaissance erbaut. *Karl-Marx-Str. 77-79, U7 Rathaus Neukölln*

BÖHMISCHES DORF [B3]

Nur einen Katzensprung von der Karl-Marx-Straße entfernt, kann man noch Reste des alten Dorfes Böhmisch-Rixdorf (S.20) entdecken. In der Richardstraße befand sich der Kern des Dorfes, das 1737 von Böhmen, die wegen ihres Glaubens vertrieben worden waren, gegründet wurde. Ein Standbild in der Kirchgasse erinnert an König Friedrich Wilhelm I., der die Flüchtlinge unterstützte. Noch heute vermittelt die historische Bebauung eine ländliche Atmosphäre. In der Richardstraße wohnen Nachfahren der Siedler in der achten Generation. Ein kleines Museum (S.34) in der Kirchgasse dokumentiert die Geschichte der tschechischen Enklave. Der böhmische Gottesacker befindet sich am Karl-Marx-Platz (Eingang). *U7 Karl-Marx-Straße*

DEUTSCH-RIXDORF [B3]

Mittelpunkt des ehemaligen Dorfes ist der Richardplatz mit einer alten Schmiede

(Bj. 1624), in der u.a. Ausstellungen und Kurse stattfinden sowie ein Frauentreffpunkt untergebracht ist. Ein Schmuckstück ist auch die Dorfkirche (Bethlehemskirche, S.29), die heute von der böhmisch-lutherischen Gemeinde genutzt wird. Auf der Nordseite des Richardplatzes stehen hinter einem Durchgang alte Scheunen, die von den Besitzern als Wohnhäuser mit hübschen Gärten umgestaltet wurden. *U7 Karl-Marx-Straße*

BRITZER MÜHLE ***[E2]***

Seit fast 150 Jahren drehen sich die Flügel dieser Holländermühle. Zu Schauzwecken wird Mehl gemahlen und vor Ort Brot gebacken. Hier kann man sich auch "vermehlen" lassen. Das Hochzeitspaar darf die Windmühle in Gang setzen. Brotbackkurse. *Führungen So 11-16 Uhr stündl., Brot- und Mehlverkauf April-Okt. Fr 12-17, Sa, So 11-16 Uhr, Buckower Damm 130, Tel. 604 20 57, Bus M44 Dachdeckerweg*

Das Dorf in der Großstadt: Idylle am Richardplatz

GROPIUSSTADT ***[F1-3]***

Hochhäuser, Bungalows und Dreigeschosser bilden ein einzigartiges Ensemble des modernen Wohnungsbaus, das der berühmte Bauhausarchitekt Walter Gropius in den 1960er Jahren entworfen hat. Hochhäuser hatte er allerdings ursprünglich nicht vorgesehen, sie wurden aber aufgrund der Wohnungsnot vom Senat in Gropius´ Pläne eingearbeitet. Vom Treppenhausbalkon im 30. Stockwerk des Gropiushauses (*Fritz-Erler-Allee 120*) hat man einen prima Blick über die Großsiedlung und ganz Berlin. Rund vierhundert Bewohner hat dieses mit 89 m höchste Wohngebäude Deutschlands, in dem auch einmal jährlich der Treppenmarathon (S.108) stattfindet. In der gesamten

Hoch, höher, am höchsten: Fritz-Erler-Allee 120 in der Gropiusstadt

Gropiusstadt leben mehr als 50.000 Einwohner. Kulturelles Herz der Großsiedlung ist das Gemeinschaftshaus Gropiusstadt (S.39) mit Theater und Konzerten. Hier befindet sich auch Berlins größtes Einkaufszentrum, die Gropius Passagen (S.54). Ein architektonisches Highlight ist die Kirche St. Dominicus (S.30).

GUTSPARK BRITZ [E2]

Eine Augenweide ist das kleine Neo-Renaissance-Schloss von 1883. Der Gutshof mit Dorfkirche gilt als Ursprung des Neuköllner Stadtteils Britz (S.10). Heute beherbergt das Schloss eine Ausstellung über die Wohnkultur der Gründerzeit. Im umgebauten Pferdestall befindet sich das Museum Neukölln (S.34). Außerdem gibt es ein Gehege mit Ziegen und Kühen, einen Konzertsaal sowie eine Freiluftbühne. *Ausstellung Di-So 11-18 Uhr, Alt-Britz 73, Tel. 60 97 92 30, www.schlossbritz.de, Bus M44 Fulhamer Allee*

HUFEISENSIEDLUNG [E2]

Eine der ersten Sozialbausiedlungen der Welt wurde 2008 von der UNESCO zum Weltkulturerbe erklärt. Im

Bruno Taut-Gedenkstein in der Hufeisensiedlung

Herzen der Anlage mit 1072 Wohnungen liegt ein hufeisenförmiges Gebäude, das in der Mitte Gärten und sogar einen Teich umschließt. Charakteristisch für die gesamte Siedlung ist das viele Grün, die Mischung aus Reihenhäusern und dreigeschossigen Mehrfamilienhäusern mit bunten Wänden und Sprossenfenstern. Geplant und gebaut wurde das Ensemb-

Glücksgöttin Fortuna auf dem Rathaus Neukölln

le 1925 bis 1933 im Neuköllner Bezirksteil Britz nach Plänen von Bruno Taut und Martin Wagner. *Infopavillon mit Ausstellung: Fr 13-17, So 15-19 Uhr, Fritz-Reuter-Allee 44, www.hufeisensiedlung.info, U7 Parchimer Allee*

RATHAUS NEUKÖLLN [A4]

Wer zum ersten Mal davorsteht, sollte Abstand halten und den Kopf recken. Auf dem Dach tanzt nämlich Glücksgöttin Fortuna, 1905 geschaffen von Josef Rauch. Der riesige Verwaltungsbau mit über 500 Räumen, entworfen von Stadtbaurat Reinhold Kiehl, wurde 1908 eingeweiht. Am Eingang befindet sich die Neuköllner Touristinformation (S.108) *U7 Rathaus Neukölln*

STADTBAD NEUKÖLLN [B3]

Nach Vorbild von Thermen der Antike wurden Säulen und Wandelgänge um die Becken gebaut, die Wände und Decken verzieren Mosaike. Nach seiner Einweihung 1914 war das Stadtbad eines der größten und modernsten Bäder Europas. Da Männer und Frauen damals getrennt badeten, gibt es zwei Schwimmhallen. *Öffnungs-*

zeiten tel. erfragen, Ganghoferstr. 3, Eintritt 4 Euro, Sauna (Tageskarte) 14 Euro, Tel. 68 24 98 12, U7 Rathaus Neukölln

KIRCHEN

BETHLEHEMSKIRCHE [B3]

1481 eingeweiht, war die kleine Dorfkirche ursprünglich aus Feldsteinen erbaut. Lange Zeit diente sie böhmischen und deutschen Siedlern als Gotteshaus. 1884 verkaufte die deutsche Gemeinde die Kirche an die Böhmen und baute ein größeres Gotteshaus (*Magdalenenkirche, Karl-Marx-Straße 201-203*) Regelmäßig finden Konzerte statt. *Tgl. 10-18 Uhr, Richardplatz 22, U7 Karl-Marx-Straße*

BUCKOWER DORFKIRCHE [E2]

Eine der ältesten Kirchen Berlins: Ca. 1230-50 aus Feldsteinen erbaut, können Besucher u.a. zwei Altarflügel mit Apostelfiguren und Heiligen aus dem Franziskanerkloster in Berlin sowie eine geschnitzte spätgotische Madonna besichtigen. Im Turm läutet die älteste Berliner Glocke. *Alt-Buckow 34, Tel. 604 10 10, Bus M44 Alt-Buckow*

Alte Dorfkirche: Bethlehemskirche am Richardplatz

DORFKIRCHE RUDOW [F3]

Erstmals um 1400 erwähnt, thront diese Kirche auf einer kleinen Anhöhe. Von ihrer ursprünglichen Form zeugt noch der Feldsteinsockel unterhalb des Turms sowie die Spitzbogenpforte der Westfront und eine Seite des Kirchenschiffs. Historisch interessant ist eine Grabplatte von 1736. *Köpenicker Str. 187, Tel. 669 92 60, U7 Rudow*

SEHITLIK MOSCHEE [A3]

Eine prachtvolle Moschee, entworfen von Hilmi Senalp, thront am osmanischen Diplomaten- und islamischen Friedhof gegenüber der Hasenheide (S.49). Bereits im 18. Jh. wurde hier ein osmanischer Botschafter bestattet. Das Hauptgebäude der Märtyrer-Moschee (dt. für Sehitlik) wurde 2005 eröffnet. Führungen (*www.moscheeteam.de*) sind kostenlos. *Columbiadamm 128, Tel. 692 11 18, www.camii.de, Bus 104 Friedhöfe Columbiadamm*

ST. DOMINICUS [F1]

Ein architektonisches Juwel ist der sakrale Rundbau inmitten der Gropiusstadt (S.26). Eingefasst von bunten Glasbausteinen entsteht eine ganze besondere Lichtstimmung. Entworfen wurde die katholische Kirche von Hans Schädel. *Mo 11-13, Mi 17-18 Uhr, Lipschitzallee 74, Tel. 66 79 01 18, U7 Lipschitzallee*

Die prachtvolle Sehitlik Moschee thront am Columbiadamm

K U L T U R

GALERIEN & MUSEEN

CoachingCulture Gallery [A4]

Kunst im Sudhaus: In der alten Kindl-Brauerei (6. Stock) werden internationale Künstler mit dem Schwerpunkt Malerei, Skulptur und Fotografie gezeigt. *Di-Fr 17-20, Sa, So 14-20 Uhr, Werbellinstr. 50, Tel. 0174/872 99 45, U8 Boddinstraße*

Galerie im Körnerpark [C2]

Im historischen Bau einer Orangerie zeigt das Kunstamt Neukölln zeitgenössische Werke u.a. von Neuköllner Künstlern. Skulpturen und Malerei kommen in den lichten Räumen mit traumhafter Sicht auf den Park (S.50) bestens zur Geltung. Regelmäßig finden im benachbarten Kreativraum Workshops und Seminare (u.a. Fortbildungen für Kunstlehrer) statt. Gleich nebenan lockt das Café im Körnerpark (S. 62) mit idyllischer Gartenterrasse. *Di-So 10-20 Uhr, Schierker Str. 8, Tel. 56 82 39 39, www.kultur-neukoelln.de, U-/S-Bahn Neukölln*

Galerie im Saalbau [A4]

Neuköllner Künstler stehen im Mittelpunkt der kleinen, kommunalen Galerie im über hundert Jahre alten Saalbau Neukölln, in dem auch die Theaterbühne Heimathafen Neukölln (S.40) zuhause ist. Schwerpunkte der wechselnden Ausstellungen sind Fotografie und junge experimentelle Kunst. *Di-So 10-20 Uhr, Karl-Marx-Str. 141, Tel. 902 39 37 72, U7 Karl-Marx-Straße*

Galerie Olga Benario [B3]

Geschichte und Politik bestimmen die wechselnden Ausstellungen. Besonders der Widerstand während des Nationalsozialismus, antifaschistische Aufklärung und die Rolle des Militärs werden anhand von Dokumenten und Plakaten sowie Literatur dargestellt. Themen waren in den letzten Jahren u.a. die Widerstandsgruppe Rote Kapelle, die Auslandseinsätze der Bundeswehr sowie Friedensplakate der letzten hundert Jahre. *Do ab*

19 Uhr, Richardstr. 104, Tel. 68 05 93 87, www.galerie-olga-benario.de, U7 Karl-Marx-Straße

Galerie R 31 **[A2]**

Installationen und Projekte junger Künstler machen den Raum in monatlich wechselnden Ausstellungen zum Ort des Staunens und Erlebens. Im integrierten Laden werden Design-Unikate, u.a. T-Shirts und Illustrationen, verkauft. In Workshops kann man u.a. Buchbinden und Drucken lernen. *Mi-Sa 15-20 Uhr, Reuterstr. 31, Tel. 69 59 82 31, www.r31suchtkunst.de, U7 Rathaus Neukölln*

Galerie Studio St. St. **[A2]**

Die Mischung aus Salon und Galerie passt zum unterhaltungsfreudigen Publikum im Reuterkiez. Neben Ausstellungen mit Werken Berliner Künstler steigen am Wochenende Partys mit schrillen Showeinlagen und Travestie. *Di 16-19, Fr, Sa 20-24 Uhr, Sanderstr. 26, Tel. 692 55 65, www.cafe3000.de, U8 Schönleinstraße*

48 h Neukölln

Drei Tage Kunst und Kultur, 600 Veranstaltungen an 340 Orten - 48 Stunden Neukölln ist mittlerweile das größte Kunst- und Kulturfestival weit und breit. An einem Wochenende im Juni strömen Besucher jedes Jahr zu Zehntausenden nach Neukölln, um Aktionstheater im Hinterhof, Lesungen in der Bar oder Konzerte auf dem Landwehrkanal zu besuchen. 1999 wurde das Festival vom Kulturnetzwerk Neukölln ins Leben gerufen. Seitdem wächst es rasant. *www.48-stunden-neukoelln.de*

Kunstraum Art-Uhr *[A2]*

Kunst rund um die Uhr, oder wie die Künstler beschreiben: "Die Zeit geht immer schneller./Ist es die Zeit die sich bewegt, oder sind wir es?/ Im Kunstraum Art-Uhr hängt diese Frage in der Luft!" Workshops für Kinder. *Öffnungszeiten je nach Programm, Weichselstr. 52, www.kunstraum-art-uhr.com, U7 Rathaus Neukölln*

Auf dem Gutshof Britz befindet sich das Museum Neukölln

Museum im böhmischen Dorf *[B3]*

Geschichte auf engstem Raum: Im einem ehemaligen Schulhaus erklärt eine kleine Ausstellung die Entstehung Böhmisch-Rixdorfs (S.18) und die Geschichte beider Dörfer. Wer freundlich fragt, bekommt eine Führung gratis. *Do 14-17 Uhr und jeden 1. u. 3. So 12 -14 Uhr, Kirchgasse 5, Eintritt 2 Euro, Tel. 687 48 80, www.museumimboehmischendorf.de, U7 Karl-Marx-Straße*

Museum Neukölln *[E2]*

Seit 2010 dokumentiert das Heimatmuseum des Bezirks die hiesige Geschichte am historischen Ort. Im Pferdestall des Gutsparks Britz (S.27) können Besucher interessante Details der 800-jährigen Geschichte Neuköllns und Umgebung u.a. mittels 99 historischer und aktueller Objekte, Computerterminals und Touchscreens kennenlernen und so den Geheimnissen der Alltagskultur im Neuköllner Kiez auf die

Spur kommen. *Di-So 10-18 Uhr, Alt-Britz 81, www.museum-neukoelln.de, U7 Parchimer Allee*

Ohrenhoch **[A2]**

Presslufthammer oder Staubsauger: All das, was wir gemeinhin als störend empfinden, wird hier in Musik verwandelt. Groß und Klein kommen der Welt der Klänge regelmäßig in Workshops und mithilfe von Installationen auf die Spur. *So 14-21 Uhr, Weichselstr. 49, Tel. 62 90 00 39, www.ohrenhoch.org, U7 Rathaus Neukölln*

Salon su du Coucou **[A2]**

Kleine Galerie mit Artshop und temporär geöffneter Bar. Gezeigt wird moderne Kunst und Fotografie mit Pop-Art-Anleihen. Bei Vernissagen verwandelt sich der längliche Raum in ein Partyareal. *Di-Sa*

Im Salon du Coucou stellte 2012 die Künstlerin Aki Suzuki aus

14-19 Uhr, Weserstr. 202, Tel. 89 64 31 39, www.sudecucou.net, U7, U8 Hermannplatz

Schwarz Contemporary [A2]

Abstraktionen und kubistisches Erbe sind bei etlichen Künstlern (Monika Götz, Ulrich Hakel, Marlon Wobst, u.a.) dieser Galerie zu sehen. Galeristin Anne Schwarz mischt auf dem internationalen Kunstparkett erfolgreich mit. *Mi-Sa 11-18 Uhr, Sanderstr. 28, Tel. 612 89 902, www.schwarz-contemporary.com, U8 Schönleinstraße*

KINOS

Cineplex Neukölln [A4]

Im 3. und 4. Stock des Einkaufszentrums Neukölln Arkaden befindet sich ein Kinocenter mit neun Sälen. Das Programm reicht von Hollywoodproduktionen bis zu türkischen Filmen in Originalversion. Dienstags ist Kinotag. *Karl-Marx-Str. 66, Tel. 62 73 39 33, www.cineplex.de, Eintritt 4,50-9 Euro, U7 Karl-Marx-Straße*

Freiluftkino Hasenheide [A3]

Kino unterm Sternenhimmel: Während nebenan im Tiergehege die Ziegen blöken, werden in lauen Sommernächten Hollywood-Streifen gezeigt, aber auch anspruchsvollere Autorenfilme. Über Popcorn-Krümel freuen sich die Mäuse, Cola gibt´s am Eingang. *Hasenheide, Tel. 283 46 03, www.freiluftkino-hasenheide.de, Eintritt 6,50 Euro, erm. 4 Euro, U7, 8 Hermannplatz*

Kino Passage [A4]

Der historische Saal 1 mit Stuckdecke und Galerie erinnert an frühere Zeiten, als Neukölln bekannt für seine üppige Kinokultur war. Das Filmhaus mit insgesamt vier Sälen befindet sich neben der Neuköllner Oper (S.40) in einer Passage zwischen Karl-Marx- und Richardstraße und hat auch ein eigenes Café. *Karl-Marx-Str. 131-133, Tel. 68 23 70 18, www.yorck.de, Eintritt 5,50-7,50 Euro, U7 Karl-Marx-Straße*

Neues Off [A4]

Mit schwarz-weiß kariertem Fußboden und einer Sarotti-Theke fällt das traditionsreiche Kino in einem ehemaligen Revuetheater sofort auf. Der Kinosaal im 50er-Jahre-Stil hat eine nette Atmosphäre und genügend Beinfreiheit. Montags ist Kinotag. *Hermannstr. 20, Tel. 62 70 95 50, www.yorck.de, Eintritt 5,50-8 Euro, U7, 8 Hermannplatz*

Rollbergkino [A4]

Das Kino mit fünf Sälen und 463 Plätzen, das sich hinter einem Einkaufszentrum auf dem Gelände der alten Kindl-Brauerei versteckt, bietet ein anspruchsvolles Programm, u.a. mit Autorenkino und Kinderfilmen. Montags ist Kinotag. *Rollbergstr. 70 (Eingang Hermannstr.), Tel. 62 70 46 45, www.yorck.de, Eintritt 5,50-7 Euro, U8 Boddinstraße*

Stilvoll Filme schauen im 50er-Jahre-Kino Neues Off

UCI Gropius Passagen [F1]

Das große Multiplex-Kino in den Gropius Passagen (S.54) ist der Anlaufpunkt für Jugendliche und Familien aus Neuköllns Süden. Süßes Popcorn,

In der Alten Dorfschule Rudow wird musiziert und gelernt

ausreichend Sitzplätze und die großen Blockbuster sorgen für entspannte Stunden. *Johannisthaler Chaussee 295, Tel. 66 68 12 34, www.uci-kinowelt.de, Eintritt 6,40-7,80 Euro, U7 Johannisthaler Chaussee*

KULTURZENTREN

Alte Dorfschule Rudow [F3]

Seit 2001 finden in dem historischen Gemäuer Lesungen, Konzerte und Theateraufführungen statt. Die 1890 im neugotischen Stil erbaute ehemalige Dorfschule ist Berlins zweitältester erhaltener Schulbau. Auch die Volkshochschule, die Musikschule und der Rudower Heimatverein nutzen die Räume. Letzterer organisiert u.a. Ausstellungen. Mit Caféteria (*Mo-Fr 8.30-14 Uhr*). *Alt-Rudow 60, Tel. 66 06 83 10, www.dorfschule-rudow.de, U7 Rudow*

Gelegenheiten [A4]

Fotografien statt Filet: In der ehemaligen Fleischerei haben Besucher die Wahl zwischen Ausstellungen, Lesungen, Fotoworkshops und Konzerten. Auch Bridge können die Gäste lernen. Ein Verein (*www.bridgeclub-*

gegenspiel.de) macht´s möglich (gratis). Regelmäßig findet auch eine offene Bühne für Nachwuchskünstler regen Anklang. *Do, Fr ab 20 Uhr, Weserstr. 50, www.gelegenheiten-berlin.de, U7 Rathaus Neukölln*

***Gemeinschaftshaus Gropiusstadt* [F1]**

Konzerte, (Kinder-)Theater und Ausstellungen machen das Kulturzentrum mit Festsaal (532 Plätze) zum Leuchtturm im Hochhausdickicht der Großsiedlung (S. 26). Auch eine weite Anfahrt lohnt sich, wenn etwa die Gropiuslerchen (S.84) ihre Lieder zum Besten

Portrait

YASEMIN GÜNER BALCI

Ungeschminkt und direkt: Mit ihrem Buch „Arabboy. Eine Jugend in Deutschland oder das kurze Leben des Rashid A." hat die Autorin und Journalistin Yasemin Güner Balci die Probleme Neuköllns zu Papier gebracht. Selbst türkischstämmig, hat die gebürtige Neuköllnerin in ihrer Schulzeit miterlebt, wie sich das Leben zwischen Deutschen und Türken, Familienehre und dem Gesetz der Straße abspielt. Früh versuchte die 37-jährige, die Erziehungs- und Literaturwissenschaften studiert hat, als Sozialarbeiterin im Neuköllner Mädchentreff Madonna Kindern auf der Suche nach Identität zu helfen. „Arabboy" ist die Geschichte eines Jungen, der auf die schiefe Bahn gerät. 2010 erschien ihr Buch „Arabqueen". Beide Bücher werden als Theaterstücke im Heimathafen Neukölln (S.40) aufgeführt.

geben. *Bat-Yam-Platz 1, Tel. 902 39 14 16, www.kultur-neukoelln.de, U7 Lipschitzallee*

Werkstatt der Kulturen [A4]

Das internationale Veranstaltungszentrum vereint alle Spielrichtungen der Kunst und Kultur. Donnerstags ab 19 Uhr lädt das Haus zum Filmabend ein, freitags zu Konzerten im Rahmen von "World wide music". Hier wird auch der Karneval der Kulturen organisiert (S.109). *Wissmannstr. 32, Tel. 609 77 00, www.werkstatt-der-kulturen.de, U7, 8 Hermannplatz*

THEATER

Central Rixdorf [B3]

Figurentheater (z.B. Kasper-Kaffee-Kuchen zweimal sonntags pro Monat), Varieté mit Akrobatik und Zauberei, Theater und Konzerte beleben den ehemaligen Ballsaal am Böhmischen Platz. *Böhmische Str.46, www.central-rixdorf.de, www.volkart.eu, U7 Karl-Marx-Straße*

Heimathafen Neukölln [A4]

Neuköllner Volkstheater mit Biss: Im historischen Saalbau wird unterhaltsam und kritisch zugleich Theater gespielt. Stücke wie die Neukölln-Triologie ("Arabboy", "Sisters", "Arabqueen"), und die Radioeins-Radioshow kommen bestens an. Auch die Literaten vom Saalslam treten im Heimathafen auf. *Karl-Marx-Str. 141, Neukölln, Karten Mo-Do 10-17, Fr 10-14 Uhr, Tel. 56 82 13 33, Eintritt 5-18 Euro, www.heimathafen-neukoelln.de, U7 Karl-Marx-Straße*

Neuköllner Oper [A4]

Berühmt wegen seiner originellen Bühnenstücke, Sänger und kreativen Bühnenbilder. Donnerstags kosten die Tickets für die Vorstellungen nur 12 (erm. 9) Euro statt 18 (erm. 15) Euro. Montags gibt´s eine Impro-Show im Café Hofperle (S.58) auf. *Karl-Marx-Str. 131, Eintritt 9-24 Euro, Tel. 68 89 07 77, www.neukoellneroper.de, U7 Karl-Marx-Straße*

A K T I V

NEUKÖLLN

DO IT YOURSELF

Näh- & Werkstudio [B3]

Wer wissen will, wie man tapeziert oder einen Tisch baut, sollte hier einen Kurs belegen. Es gibt Wochen- oder Wochenendworkshops. Die Werkstatt mit Werkzeug, Maschinen und Werkbänken ist auch offen für alle, die etwas reparieren möchten (z.B. Fahrräder), das kostet ca. 5 Euro. Für Frauen werden auch Nähkurse (mehrsprachig) angeboten. *Mo-Mi 11-16, Do 13-18, Fr 10-14 Uhr, Braunschweiger Str. 8-10, Tel. 0176/83 06 72 79, www.naehstudio-im-stadtteil.de, S41, 42 Sonnenallee*

SDW-Neukölln [A2]

In der offenen Siebdruckwerkstatt kann man entweder in Workshops das Handwerk erlernen, oder einfach die Profis machen lassen. Wer immer schon mal ein T-Shirt mit seinem Lieblingsspruch bedruckt haben wollte, ist hier an der richtigen Adresse. Gelegentlich öffnet die Werkstatt auch zu Vernissagen oder Lesungen. *Di-Fr 10-19 Uhr, Pflügerstr. 11, Tel. 51 05 97 45, www.sdw-neukoelln.de, U8 Schönleinstraße*

-Anzeige-

OPEN STAGE

BOOM! *[C2]*

Workshops für Theater (auch für Kinder), Tanz und Performance. Außerdem kann jeder am letzten Freitag im Monat beim Open Stage auftreten. Tanzcafé jeden Sonntag von 17 bis 21 Uhr. *Thomasstr. 27, Tel. 38 10 45 07, www.boom-neukoelln.de, U7 Karl-Marx-Straße*

Little Stage *[C2]*

Ob Soulsession oder Open Mic (montags) für Rapper - in der verrauchten Kneipe mit Backsteinatmosphäre gibt es fast jeden Abend die Möglichkeit zur Jamsession. Und wenn nicht, spielt garantiert eine interessante Band. *Mo-Sa ab 17 Uhr, Jonasstr. 1, Tel. 92 25 38 43, www.myspace.com/neukoelln-live, U-/S-Bahn Neukölln*

Laika *[C2]*

Kneipe mit Programm im Körnerkiez. Neben Filmabenden und sonntäglichem Improvisationstheater fordern der so genannte dicht-it-Slam und Jam-Sessions zur Teilnahme auf. *Mo-Do ab 19, Fr-So ab 15 Uhr, Emser Str. 131, Tel. 01577/754 17 89, www.laika-neukoelln.de, U-/S-Bahn Neukölln*

Saalbau Neukölln *[A4]*

Jeden 3. Dienstag treffen sich im Neuköllner Heimathafen (S.40) Poeten und Lyriker zum Saalslam. Nach der An-

Aktion Karl-Marx-Straße

Früher war die Karl-Marx-Straße eine der beliebtesten Straßen Berlins. Kaufhäuser und Fachgeschäfte luden zum Schlendern ein. Doch dann kam die Wende und damit Ein-Euro-Shops, Sportbars und der Verfall. Diesem Abwärtstrend entgegenzusteuern, hat sich die 2008 vom Bezirksamt gegründete Aktion Karl-Marx-Straße auf die Fahnen geschrieben. Mithilfe von Anwohnern und Gewerbetreibenden soll die Straße bis 2015 schöner werden. *www.aktion-kms.de*

meldung beim Moderator trägt jeder seinen Text vor. Eine Jury entscheidet, wer ins Finale kommt. *3. Di im Monat ab 19.30 Uhr, Karl-Marx-Str. 141, Eintritt 5 Euro, www.saalslam.de, U7 Karl-Marx-Straße*

-Anzeige-

RAUMNUTZUNG

N.K. Projekt *[B3]*

Eine Gruppe internationaler Künstler bietet im Hinterhof-Loft Workshops für Musik und Tanz, Probe- und Konferenzräume für eine Stundenmiete von 10 Euro (inkl. Equipment) und Konzerte von Klangkünstlern. *Tgl. 11-21 Uhr, Elsenstr. 52, Tel. 0176/20 62 63 86, www.nkprojekt.org, Bus 171 Elsenstraße*

Raumvorteil *[B4]*

Eldorado für Musiker aller Sparten: Probe- und Studioräume zu Stunden-, Tages- oder Monatstarifen kann man in dem 20er-Jahre-Bau mieten. Die Kosten reichen von 5 Euro die Stunde (inkl. Equipment) bis 80 Euro am Tag (ohne Equipment). *Tgl. 10-23 Uhr, Ziegrastr. 1, Tel. 0172/494 49 22, www.raumvorteil.de, S41, 42 Sonnenallee*

Studio 70 *[A2]*

Im Großraumbüro bekommt man für 10 Euro am Tag oder 150 Euro im Monat einen Arbeitsplatz samt Internet und Kaffeeflatrate. Mit Konferenzraum (für bis zu 40 Personen, mit Projektor, Flipchart und Whiteboard). *Kottbusser Damm 70, Tel. 61 62 51 73, www.studio70.info, U7, 8 Hermannplatz*

AKTIV

Wostel ***[A2]***

Illustratoren, Designer, Webdesigner, Programmierer und Journalisten treffen in Loftatmosphäre mit Retromöbeln zum Arbeiten aufeinander. Tagesticket für einen Schreibtisch 10 Euro, Monatsmiete 175 Euro. Gemeinsame Aktivitäten sind erwünscht und werden auch vom Wostel organisiert. *Hobrechtstr. 66, Tel. 69 00 44 35, www.wostel.de, U8 Schönleinstraße*

WORKSHOPS

Art In Movement ***[A2]***

Tanz und Theater ist Ricarda Schuhs Leidenschaft. Einmal

Portrait

FRANK ZANDER

Ein Kind Neuköllns ist der Entertainer und Musiker immer geblieben. 1942 blinzelte er zum ersten Mal am Karl-Marx-Platz ins Licht, seine erste Gitarre kaufte er bei Musik Bading (S.56). Die Kutsche für seine Hochzeit mietete er am Richardplatz bei Kutschen Schöne, und in der Villa Rixdorf (S.70) hat er neulich seinen 70. Geburtstag gefeiert. Berühmt geworden durch Schlager wie "Urenkel von Frankenstein" und "O Susi" hat der Musiker nie vergessen, dass nicht alle so viel Sonne im Leben gesehen haben wie er. Seit 18 Jahren veranstaltet er daher ein Gansessen für Obdachlose im Estrel-Hotel (S.80). Aktiv ist Zander auch mit dem Pinsel. Zu sehen sind seine Werke am Richardplatz 7 ***[A3]*** in der Agentur CBS (*Mo, Do 13-18 Uhr, Tel. 52 13 60 95*). Wie man sich denken kann, malt Zander auch gerne Fische...

in der Woche (*mittwochs 18-20 Uhr*) unterrichtet die Tänzerin interessierte Laien in zeitgenössischem Tanz, Improvisation und Komposition. Manchmal gibt es auch Aufführungen. *Mi 18-20 Uhr, Lenaustr. 4, Tel. 615 56 33, www.ricarda-schuh.de, U7, 8 Hermannplatz*

Atelier Kirkara [C2]

Schmuckdesignerin Kirsten Karacan zeigt in ihren Kursen, wie man Ringe oder Ketten herstellt. Kosten: 10 Euro pro Stunde plus Material. *Kurse Di 17-19.30, Mi 12-14.30, Sa 15-17.30 Uhr, Jonasstr. 33, Tel. 0176/24 87 43 48, www.kirkara.de, U8 Leinestraße*

Creativ-Centrum Leuchtturm [C2]

Schon von weitem sieht man den riesigen Leuchtturm auf blauem Grund - ein Lichtblick der Bürgerstiftung Neukölln. Hier kann man im Philosophiezirkel über Platon diskutieren, an Workshops teilnehmen (Seidenmalerei, Ikebana) oder den Raum für eigene Projekte nutzen. *Mi-Fr 14-19 Uhr, jeden 1. Sa im Monat 14-17 Uhr, Emser Str. 117, Tel. 39 50 53 76, www.neukoellner leuchtturm.de, U-/S-Bahn Hermannstraße*

Das Waschhaus Café [F1]

Workshops, Beratung, Kaffee trinken, Nachbarn treffen und nebenbei noch gemütlich Wäsche waschen. Das Konzept der von der Stadt Berlin geförderten sozialen Einrichtung verbindet das Spaßige mit dem Praktischen. Dazu sind natürlich auch Nicht- und Neu-Neuköllner eingeladen. *Mo-Fr 9-18 Uhr, Eugen-Bolz-Kehre 12, Tel. 60 25 91 50, www.das-waschhaus-cafe.de, U7 Lipschitzallee*

Zatopek [D1]

Skatkurse, kostenlose Deutschkurse sowie Abende für Nachwuchs-DJs und Bands auf der Open-Stage-Bühne: Die Kneipe Zatopek ist der gute Geist im Richardkiez, zumal mit günstigen Getränken. *Di, Mi ab 17, Do-Mo ab 19 Uhr, Niemetzstr. 24, www.zatopek-berlin.de, S 41, 42 Sonnenallee*

PARKS & PLÄTZE

Britzer Garten **[E1-2]**

Eine grüne Perle im Südwesten Neuköllns! Unzählige Blumen- und Baumensembles wurden auf 90 ha Brachland anlässlich der Bundesgartenschau 1985 gepflanzt. Ein künstlicher See bietet seitdem nicht nur Karpfen eine Heimat, sondern auch vielen Vätern und Kindern mit ihren ferngesteuerten Booten. Wer sich erstmal alles anschauen möchte, sollte eine Runde mit der Parkeisenbahn drehen. Mit ihr kommt man vorbei am Rosengarten, einem Hexengarten mit alten Heilkräutern und dem Obstgarten, wo im Herbst Äpfel und Birnen geerntet werden. Zahlreiche Veranstaltungen locken in der wärmeren Jahreszeit in den Park: Sonnenwendfest, Klassik Open-Air mit großem Feuerwerk (S.111), St. Martins-Umzug, und Jazz-Konzerte. Am östlichen Rand des Parks dreht sich die historische Britzer Mühle (S.25). Kinder lieben die tollen Spielplätze und das Lehmdorf. *Nov-Feb tgl. 9-16, März, Okt. tgl. 9-18, April-Sept. tgl. 9-20 Uhr, Eingänge: Mohriner Allee, Buckower Damm, Tauernallee und Massinger Weg. Tel. 700 90 680, Eintritt 3 Euro, erm. 1,50 Euro, Kinder bis 5 Jahre frei, Bus 181 Mohriner Allee, Bus 183 Buckower Damm*

Comenius-Garten **[B3]**

Gewidmet dem Wissenschaftler, Bischof der böhmischen Brüdergemeine und Pädagogen Johann Amos Comenius, der vor rund 400 Jahren die Welt als Garten verstand und das Leben als Schule. So dient dieser 7000 m² große Lehrgarten u.a. Familien und Schulklassen zur Erbauung mit Teich, Rosenhain, Wiesenteppich, Arzneigarten sowie einem Pavillon, genannt Seelenparadies. Achtung: Rechts vom Türknauf befindet sich ein Klingelknopf zum Öffnen der Pforte. Aus Personalgründen bleibt der Garten leider manchmal verschlossen. *Richardstr. 35, Tel. 686 61 06, U7 Karl-Marx-Straße*

PARKS & PLÄTZE

Hasenheide ***[A1-3]***

Ein Volkspark wie aus dem Bilderbuch: Jogger, Musiker und Familien verbringen hier ihre Freizeit, lassen Hunde im eingezäunten Bereich springen und vergnügen sich einmal im Jahr bei den Neuköllner Maientagen (S.109) mit Rummel und Unterhaltung. Das Freiluftkino (S.36) lässt im Sommer auch am Abend Besucher im Park verweilen, und der kleine Tierpark (S.86) mit Kamel, Kleintiergehege und Lamas ist für Kinder eine Attraktion. 1811 legte "Turnvater" Friedrich Ludwig Jahn (S.21) hier den ersten öffentlichen Sportplatz an. Ein Denkmal in der Nähe des nördlichen Eingangs erinnert an ihn. *U7, 8 Hermannplatz*

Idylle pur: der Comenius-Garten in der Richardstraße

Körnerpark ***[C2]***

Die historische Gartenanlage erinnert an einen Schlosspark mit Orangerie, Kaskaden und Fontänenbecken. In der ehe-

Idylle im Süden Neuköllns: das Rudower Fließ

maligen Kiesgrube erholen sich die Neuköllner seit hundert Jahren auf der Liegewiese, trinken Kaffee (S.62) auf der Terrasse vor der Orangerie oder besuchen eine Ausstellung in der Galerie im Körnerpark (S.32). Besuchermagnet ist die kostenlose Konzertreihe "Sommer im Park" mit Jazz und Klassik. *U-/S-Bahn Neukölln*

Rudower Fließ ***[F3]***

Für idyllische Spaziergänge am Wasser bietet sich im Neuköllner Süden das renaturierte Rudower Fließ an, das vom alten Dorfkern zur Stadtgrenze am Klein Ziethener Weg verläuft (ca. 2 km). *U7 Rudow*

Rudower Höhe ***[F4]***

Prima zum Rodeln eignet sich dieser 70 m hohe Trümmerberg. Aber auch als Ausblick ins Brandenburgische wird die Anhöhe gerne genutzt. Nördlich des Hügels kann man noch Reste der Berliner (Hinterland-) Mauer entdecken. Hier verläuft auch der Berliner Mauerweg. *Bus 164 Rudower Höhe*

Schulenburg-Park ***[D2]***

Ein von Platanen umringtes historisches Wasserbecken ist Zentrum dieser hübschen rund 5 ha großen Parkanlage. Seit 1913 schnappen hier Bewohner Neuköllns und des angrenzenden Treptows frische Luft am Jugendstil-Märchenbrunnen von 1915. Kinder toben auf dem Spielplatz. Benannt nach Graf von der Schulenburg, Oberpräsident der Provinz Brandenburg (1914–1917). *S45, 46, 47 Köllnische Heide*

Tempelhofer Feld ***[A3-C1]***

Hier gärtnern, joggen, skaten oder radeln nicht nur Anwohner. Der freie Blick über die 355 ha große Fläche des ehemaligen Flughafengeländes ist ein Hit. *Tgl. 6 Uhr bis Sonnenuntergang, Eingang Oderstr., U8 Boddinstraße*

Portrait

VIKTOR SUCKSDORF

Ein bisschen Moldawien, ein Stück Neukölln und viel Liebe zum Wein. Das ist Viktor Sucksdorf, Winzer des „größten Berliner Weinguts“, wie er selber gerne stolz berichtet. 1997 kam der Moldawier nach Neukölln. Da er mit schlechten Deutschkenntnissen und einer hier nicht anerkannten Landschaftsgärtner-Ausbildung keinen Job bekam, entschloss er sich seinen eigenen Weinberg zu bepflanzen. Unterstützt vom Bezirksamt, freundlichen Bauern und einem Förderverein wurde ein Stück verwildertes Land zum Britzer Weingut. Seit 2005 erntet Sucksdorf 28 verschiedene Rebsorten. „Hier sollen die Neuköllner etwas über Weinkultur lernen“, so der 41-jährige. *Koppelweg 70* ***[E2]***, *Tel. 0178/526 34 31 www.britzerweingut.de, M44, Bus 181 Britzer Damm/Mohriner Allee*

NEUKÖLLN

355 ha Platz für Ideen - das Tempelhofer Feld

EINKAUFEN

DIES & DAS

Gropius Passagen *[F1]*

Größtes Einkaufszentrum Berlins mit 180 Geschäften (u.a. Galeria Kaufhof). (Werbe-)Veranstaltungen beleben die Hallen, u.a. Cheerleader-Contests, Lesungen und Popkonzerte. *Mo-Fr 10-20, Sa 10-22, im Winter bis 23.30 Uhr, Johannisthaler Chaussee 301, Tel. 67 06 66 40, www.gropius-passagen.de, U7 Johannisthaler Chaussee*

Modellbahnen in Rudow *[F3]*

Spielzeugbahnen, -Bahnhöfe und Häuschen stapeln sich in den Regalen. Vieles kann man auch gebraucht kaufen, außerdem werden Loks repariert oder umgerüstet. *Di-Fr 10-18, Sa 10-13 Uhr (Juli-Sept. Sa nach Absprache), Neuköllner Str. 293/ Kleestr., Tel. 74 39 32 96, www.modellbahnen inberlin.de, U7 Zwickauer Damm*

Zauberkönig *[C1]*

Tischmagie und Pyroartikel für Profis, aber auch Schnickschnack für Narren, Zauberer und Verkleidungskünstler locken Kunden aus der ganzen Stadt hierher. Zauberkästen für Anfänger machen den Einstieg in die Magie leicht. *Mai-Sept. Mo-Do 13-18, Fr 10-18, Sa 10-13 Uhr, Okt.-April Mo-Fr 10-18 Uhr, Sa 10-13 Uhr, Hermannstraße 84-90, Neukölln, Tel. 621 40 82, www.zauberkoenig-berlin.de, U8 Leinestraße*

MODE

Berliner Miedermanufaktur *[A3]*

Hauptsache schön stramm: Wer Mieder oder Korsagen mag oder tragen muss, ist in dieser Werkstatt richtig. Anfertigungen auch nach Maß. *Mo, Mi, Fr 12-15 Uhr, Di, Do 12-19 Uhr oder auch nach Vereinbarung, Schillerpromenade 5, Tel. 49 78 61 08, www.berliner-miederma nufaktur.de, U8 Boddinstraße*

Icke, Berlin *[A2]*

Strickpullover, Röcke, Sweat- und T-Shirts mit individuellen Applikationen sind die Spezialität des Labels. Icke kann man auch im Internet kaufen: Berglandschaften oder röhrende Hirsche sind beliebte Motive. *Mo-Fr 10-18 Uhr, Friedelstr. 35, Tel. 62 98 99 97, www.icke-berlin.de, U8 Schönleinstraße*

JR Sewing [A2]

„Is mir egal, ich lass das jetzt so", mit diesem Spruch auf T-Shirts ist der Laden von Jana Reiche bekannt geworden. Aber auch die anderen Klamotten können sich sehen lassen. Eher bürgerlich als lässig stehen Sie im starken Kontrast zum coolen T-Shirt-Spruch. *Mo-Sa 11-19, Sa 12-18 Uhr, Hobrechtstr. 18, Tel. 76 40 37 59, www.jr-sewing.de, U7 Hermannplatz*

Rütli Wear

"Ein Herz für Neukölln" dieser und viele andere Sprüche und witzige Siebdruck-Zeichnungen zieren T-Shirts und Kapuzenpullover eines Projekts mit Schülern der Rütli-Oberschule (S.14). Erhältlich sind die Klamotten u.a. online. *www.ruetli.biz*

Ute Schellbach [A2]

Hüte sind ihre Leidenschaft: Dank dieses kleinen Ladens ist auch in Neukölln der Hut wieder in Mode gekommen. In ihrer Filzwerkstatt zeigt Ute Schellbach außerdem Interessierten die Kunst des Filzens. *Di-Fr 14-19 Uhr, Bürknerstr. 5, Tel. 61 30 57 58, www.uteschellbach.de, Kurstermine tel. erfragen, U8 Schönleinstraße*

Magisch: Zauberkönig in der Hermannstraße

MUSIK

Musik Bading *[A4]*

Schon Generationen von Neuköllnern (seit 1919) wurden hier mit Blockflöten ausgestattet, dazu die entsprechenden Noten. Ab und zu wird auch mal ein Akkordeon verkauft oder eine Geige. Kompetente Beratung. *Mo-Do 10-18, Fr 10-15, Sa (nur im Dez.!) 10-15 Uhr, Karl-Marx-Str. 186, Tel. 681 30 66, U7 Karl-Marx-Straße*

Soultrade *[I A3]*

Institution in Sachen Funk, Soul und raren Grooves sowie Hip-Hop- und Jazz-Platten. Mo, Mi 11-19, *Di, Do, Fr 11-20, Sa 12-18 Uhr, Tel. 694 52 57, Sanderstr. 29, www.soultrade.de, U8 Schönleinstraße*

Staalplaat / Le petit Mignon *[A4]*

Plattenladen mit Schwerpunkt Noise, Ambiente und Free Jazz. Ein Label betreiben die Besitzer außerdem. *Di-Sa 14-19 Uhr, Kienitzer Str. 108/ Ecke Weisestr., Tel. 20 05 46 97, www.staalplaat.com, U8 Boddinstraße*

SECONDHAND

Arm & Sexy *[A2]*

Fachhandel für Designerporzellan und Möbel aus den

Bonifazius ist Café und Antiquitätenhändler zugleich

30er bis 70er-Jahren. Staunen Sie über Omas Porzellan und andere Kultgegenstände. Ein Schwerpunkt sind die 1950er-Jahre. *Mi, Fr 14-19, Do 14-18, Sa 12-17 Uhr, Reuterstr. 62, Tel. 0179/496 15 97, www.arm-und-sexy.de, U7, 8 Hermannplatz*

Bonifazius-Antiquitäten [A2]

Großer Fundus an Retro-Lampen und Omas Möbeln, die hier als Antiquitäten gehandelt werden. Gleichzeit ist der Laden ein gemütliches Café mit echtem Kamin. Achtung: Vielleicht will jemand den Stuhl, auf dem Sie sitzen, gleich kaufen. *Mo-Fr 13-20, Sa 11-17 Uhr, Bürknerstr. 26, Tel. 61 74 43 98, U8 Schönleinstraße*

Flowmarkt Neukölln [A2]

Alles fließt am Ufer des Landwehrkanals zwischen Friedel- und Pannierstraße: das Geld in die Taschen der Designer und Händler, die schicke Retrofleecestofftasche in den Händen der frisch gebackenen Besitzerin. Das Bier an der Imbissbude. Es gibt auch ein Kulturprogramm mit Musik. Allerdings findet der Markt nur jeden ersten und dritten Sonntag im Monat statt. *Jeden 1. u. 3. So 9-16 Uhr, Maybachufer, www.nowkoelln.de, U8 Schönleinstraße*

Veist Kleidergeschichten [A4]

Schöne Kleider wollen schön präsentiert werden. Im Vintage- und Secondhandladen im Schillerkiez mit netter

Karstadt [A2]

Wer in den 30er Jahren Berlin besuchte, kam an einer Sehenswürdigkeit nicht vorbei: Karstadt am Hermannplatz. 1929 war das damals modernste Kaufhaus Europas mit 72.000 m² Nutzfläche auf neun Etagen, Badeanstalt, Karussell, Dachgarten mit Konzertsaal und einem Aussichtsturm auf 56 m Höhe eröffnet worden. Kurz vor Kriegsende sprengten die Nazis den pompösen Konsumtempel. Im 4. Stock des heutigen Karstadts kann man ein Modell des historischen Baus begutachten.

Verkäuferin erzählt jedes Kleiderstück seine Geschichte. Manchmal gibt´s auch Kleidertauschpartys. *Mo-Fr 14-20, Sa 12-18 Uhr, Selchower Str. 32, Tel. 95 60 62 51, www.veistberlin.com, U8 Boddinstraße*

SPEZIALITÄTEN

Kropp Feinkost *[A4]*

Delikatessfachhandel mit Tradition: Bei Kropp kauften schon Großmütter in ihrer Jugend ein, wenn es darum ging, etwas besonderes auf den Tisch zu bringen, z.B. Jakobsmuscheln, feinen Käse oder Kassler im Blätterteig. Die Filiale in den Gropius Passagen (S.54) bietet ein Bistro. *Mo-Fr 9.30-19, Sa 9-15 Uhr, Karl-Marx-Str. 82, Tel. 623 10 90, www.kropp-feinkost.de, U7 Rathaus Neukölln*

Koriat Kuchenmanufaktur *[A2]*

Zum Mitnehmen: Creme-Torten und Kuchen mit teilweise orientalischem Einschlag machen das Kaffeekränzchen perfekt. *Tgl. 9-17.30 Uhr, Pannierstr. 29, Tel. 28 87 91 79, www.koriat.de, M29 Pannierstraße*

Marzipan Lemke *[D3]*

Der Weg durch das Industriegebiet ist lang, aber er lohnt sich. In dem kleinen Fabrikverkauf des Unternehmens bekommt man Marzipan, Schokolade und andere Süßigkeiten in Hülle und Fülle. Empfehlenswert ist der hausgemachte Mandelcreme-Brotaufstrich. *Mo-Fr 9.30-18, Sa 9.30-13.30 Uhr, Späthstr. 31-32, Tel. 66 58 13, www.lemke.de, U7 Blaschkoallee*

Sommerfeld Spirituosen *[B3]*

Grützmacher´s Likör, eine Neuköllner Spezialität, wird hier verkauft, z.B. Rixdorfer Pfirsich- oder Zucker- & Zimt-Likör. Sommerfeld hat aber auch auch alle gängigen Schnäpse sowie Bier und Wein im Angebot. *Mo-Fr 10-20, Sa 10-18 Uhr, Richardstr. 31-32, Tel. 687 69 22, U7 Karl-Marx-Straße*

EINKAUFEN

WOCHENMÄRKTE

Markt am Maybachufer [A2]

Auch bekannt als Türkenmarkt, denn hier geht es zu wie auf einem orientalischen Basar: Weintrauben, Tomaten oder Auberginen werden kistenweise gekauft, derweil Verkäufer ihre Ware mitunter lautstark anpreisen. Am östlichen Ende lockt "Biориental" - ein Biomarkt mit Gemüse aus der Region. Lecker: die besten Gözleme weit und breit am Stand von Aycicek auf der Uferseite fast am Ostende. *Di, Fr 12-18.30 Uhr, Maybachufer, U8 Schönleinstraße*

Portrait

MARCUS BENSER

Er ist einer der berühmtesten Fleischer Deutschlands und er hat eine Leidenschaft: Blutwurst. Diese bereitet er so hervorragend zu, dass er damit schon viele Preise gewonnen hat. In Frankreich, gewissermaßen der Heimat dieser Spezialität, ist er gar zum Ritter der Blutwurst gekürt worden, sehr zum Leid der französischen Fleischer, die das als Schmach empfinden. Ritter der Blutwurst zu sein, ist eine Ehre, die u.a. Starkoch Paul Bocuse zu Teil wurde. Aber auch Bensers Weißwürste haben schon Preise gewonnen, darüber haben sich wiederum die Bayern geärgert. Der gebürtige Thüringer stammt aus einer Fleischerfamilie. Ob seine drei Kinder mal das Handwerk übernehmen? *Mo-Fr 8-18, Sa 8-13 Uhr, Karl-Marx-Platz 9-11 [B3], Tel. 687 20 04, www.blutwurstmanufaktur.de, U7 Karl-Marx-Straße*

NEUKÖLLN

Hufeisensiedlung **_[E2]_**

In der denkmalgeschützen Hufeisensiedlung (S.27) verkaufen u.a. Bauern aus dem Umland. Eine leckere Currywurst garantiert Krauses Imbiss. Viele ältere Stammkunden kaufen hier auch Strümpfe, Unterwäsche und Hundefutter. *Fr 8-13 Uhr, Fritz-Reuter Allee, U7 Parchimer Allee*

Karl-Marx-Platz **_[B3]_**

Türkische Händler bieten Orangen und Auberginen kistenweise an. Orientalische Backwaren und Gemüse stammen teilweise aus der Region. *Mi 11-18, Sa 8-15 Uhr, Karl-Marx-Platz, U7 Karl-Marx-Straße*

Schillermarkt **_[A3-4]_**

Kleiner, aber aufstrebender Markt u.a. mit Bio-Obst- und -Gemüsehändlern, Backwaren, Käse und Fleischspezialitäten für große und kleine Geldbeutel. Manchmal beißt auch ein Fischräucherwagen an und verkauft leckere Räucherfischbrötchen. Ideal für ein Pick-nick auf dem Tempelhofer Feld (S.51). *Sa 10-16 Uhr, Herrfurthplatz, U8 Boddinstraße*

-Anzeige-

ESSEN & TRINKEN

CAFES

Brezelcompany [A2]

Die Brezeln dieser Bäckerei werden in der ganzen Stadt verkauft. Wer lieber Süßes mag: Obstkuchen oder Muffins werden im Café serviert. *Mo-Fr 7-19, Sa, So 8-19 Uhr, Lenaustr. 10, Tel. 612 41 81, www.brezel-company-berlin.de, U8 Schönleinstraße*

Barini [B3]

Zur schönen Jahreszeit laden die Sonnenplätze auf dem Böhmischen Platz zum längeren Verweilen ein. Sehr lecker: das Röstbrot mit gebratenem Gemüse oder die türkische Linsensuppe mit Minze. *Mo-Fr ab 9, Sa ab 10, So 10-18 Uhr, Böhmische Str. 46, Tel. 25 05 97 18, S 41, 42 Sonnenallee*

Café & Creperia [F3]

Modern und hell: Hier kehren Rudower ein, wenn Sie Appetit auf französische Eierkuchen haben. Die Füllungen sind mal süß (mit Apfelmus), mal deftig (mit Speck). Viele Kaffeespezialitäten. *Mo-Fr 9-20, Sa 9-18 Uhr, Alt-Rudow 12, Tel. 62 20 93 91, U7 Rudow*

Café 3. Raum [B3]

Es duftet nach Chili-Ingwer-Kakao, und die hausgemachten Schoko-Expresso-Brownies gehen weg wie warme Schrippen. Tipp: Kleidertausch jeden letzten Dienstag im Monat (15-20 Uhr). *Di-So ab 10 Uhr Hertzbergstr. 14, Tel. 54 73 76 66 www.cafe-dritter-raum.de, M41, Bus 171 Hertzbergplatz*

Café im Körnerpark [C2]

Kulturprogramm, Frühstück, Kaffee und Kuchen sowie eine idyllische Terrasse machen diesen Ort zur Neuköllner Oase im Häusermeer. Die benachbarte Galerie im Körnerpark (S.32) zeigt wechselnde Ausstellungen. Der Körnerpark lädt zum Spaziergang ein. *Di-So 12-20 Uhr, Schierkerstr. 8, Tel. 89 75 25 23, www.cafe-im-koerner park.de, U-/S-Bahn Neukölln*

Café Ole *[A4]*

Kiezcafé mit besonderem Service: Der Besitzer ist gehörlos, daher sollten Sie auf den Kaffee zeigen, den Sie haben wollen. Aufschreiben geht auch, dann kommt das Gewünschte flink an den Tisch. *Di-So 10-20 Uhr, Boddinstr. 57, U8 Boddinstraße*

Café Rix *[A4]*

Im historischen Saalbau Neukölln zieht nicht nur das Volkstheater Heimathafen Neukölln (S.40) Gäste an, sondern auch ein gemütliches Kaffeehaus mit Frühstück, Mittagstisch und günstigen Preisen. Eine Hort der Ruhe und Entspannung an Neuköllns quirliger Shoppingmeile. *Mo-Do 9-24, Fr, Sa 9-1, So 10-24 Uhr, Karl-Marx-Str. 141, Neukölln, Tel. 686 90 20, U7 Karl-Marx-Straße*

Fräulein Frost *[A2]*

Angesichts der üppigen Eiskarte wird einem warm ums Herz: Laktosefreie Biosorten wie Gurke-Zitrone-Minze und Erdbeer-Basilikum zeugen vom

Im Sommer eine Augenweide, die Terrasse des Cafés im Körnerpark

kreativen Grundgedanken hinter dem Café. *Di-So 12-18 Uhr, Friedelstr. 39, U8 Schönleinstraße*

Geschwister Nothaft *[D1]*

Kaffeebar direkt am S-Bahnhof Sonnenallee mit allem, was eilige Kaffeetrinker schätzen: Getränke zum Mitnehmen, Brownies, Smoothies und ein freundliches Wort des Betreiberpärchens. Sonnenplätze vor der Tür. *Mo-Fr 8-19, Sa 9-19, So 10-19 Uhr, Schwarzastr. 9, Tel. 0163/884 64 23, S 41, 42 Sonnenallee*

Hofperle *[A4]*

Das Café-Restaurant im Haus der Neuköllner Oper (S.40) eignet sich zu allen Tageszeiten, um Zeitung zu lesen, gutbürgerlich zu essen oder sich unterhalten zu lassen. (Jazz-)Musiker treten regelmäßig auf, z.B. am Sonntag zum Brunch um 10 Uhr. Die Schauspieler der Neuköllner Oper laden montags zur kostenlosen Impro-Show ein. Am Ende geht der Hut rum. *Mo 12-1, Di-So 10-1 Uhr, Karl-Marx-Str. 131, Neukölln, Tel. 56 82 94 29, www.cafe-hofperle.de, U7 Karl-Marx-Straße*

Mal so mal so *[D1]*

Sehr gemütlich und dazu günstig, besonders die frisch gepressten Säfte für 1,50 Euro das Glas. Ideal für Frühstücks- und Suppenfreunde. *Di-Fr 12-22, Sa 10-22, So 10-20 Uhr, Böhmische Str. 14, Tel. 53 08 08 29, www.malso-malso.de, S 41, 42 Sonnenallee*

Rudimarie *[A2]*

Mini-Café am Neuköllner Schifffahrtskanal. Der riesige Spielplatz gegenüber und die schwach befahrene Straße machen das Café zur Eltern-Kind-Attraktion. *Mo-Fr 9-19, Sa, So 10-20 Uhr, Weichselstr. 34-35, Bus 171, 194 Lohmühlenplatz*

Vux *[C2]*

Bio, vegan und fair gehandelt: Kaffee und Heiße Schokolade sind teurer, dafür aber von hoher Qualität. Frische Waffeln, hausgemachte Torten und Smoothies lassen länger bleiben als geplant. Sonntags lockt ein üppiges Brunchbüfett von 10 bis 15 Uhr. *Mi-Sa 12-19, So 12-18 Uhr, Wipperstr. 14, U7 Karl-Marx-Straße*

IMBISS

City Chicken [A4]

Neuköllner Instititution, wenn es um Geflügel geht. Saftige Hähnchen mit Salat und Pommes werden für ca. 4,50 Euro über den Tresen gereicht. Sauberkeit und Ambiente laden zwar nicht zum Hinsetzen ein, aber für ein Picknick, z.B. im Comenius-Garten (S.48), ist der Imbiss ideal. *Tgl. 9-1 Uhr, Sonnenallee 59, Tel. 624 86 00, U7 Rathaus Neukölln*

Gyros Express [E2]

Gyros im Brot, Gyros-Box mit Pommes oder Gyros-Burger mit Schafskäse - hier wird alles mit stark gewürztem Schweinefleisch und Zaziki angeboten. Sitzplätze bietet die Imbiss-

Steinzeitessen [A2]

Willkommen in der glutenfreien Zone: Im Restaurant Sauvage wird gekocht wie zu Zeiten der Jäger und Sammler - ohne Getreide, Gluten und Zucker. Erstaunlich, wie gut das schmeckt. Das Fleisch stammt aus Biohaltung oder wurde vom Jäger im Wald erlegt (Wild). Eine Art Brot gibt es dennoch zu Suppen und Vorspeisen - gebacken nach Geheimrezept aus Nüssen. Das ist so lecker, dass man gleich wiederkommen möchte. *Di-So 18-24 Uhr, Pflügerstr. 25, Tel. 53 167 547, www.sauvageberlin.com, U8 Schönleinstraße*

bude allerdings nur im Sommer, wenn der kleine Biergarten geöffnet ist. *Mo-Sa 11-22, So 12.30-22 Uhr, Fritz-Erler-Allee 53, Tel. 60 35 55 56, U7 Johannisthaler Chaussee*

Imren Döner ***[A2]***

Dieser besondere Döner auf Kreuzberger Hoheitsgebiet fasziniert auch Nord-Neuköllner. Die Betreiber, gläubige Muslime, verwenden nur halal geschlachtetes und mit Zimt gewürztes Kalbfleisch, selbstgebackenes Brot, Sesamsoße und frisches Gemüse. Das ist nicht so günstig, dafür lecker. Achtung: Während der Gebetszeiten hat der Laden zu. *Tgl. ab 10 Uhr, Boppstr. 10, Tel. 43 02 78 68, U8 Schönleinstraße*

RESTAURANTS

Blaue Tische ***[A2]***

Mediterrane Gemütlichkeit und freundliche Atmosphäre - bei diesem Griechen kommt Urlaubsstimmung auf. Neben appetitlichen Vorspeisen und griechischen Weinen werden täglich wechselnde Hauptgerichte serviert. Es gibt auch Kunstausstellungen. *Mi-Mo ab 17 Uhr, Friedelstr. 56, Tel. 0178/510 17 76, www.blaue-tische.de, U7, 8 Hermannplatz*

Britzer Mühle ***[E2]***

Das Müllerhaus neben der historischen Mühle (S.25) lockt mit Hausmannskost im Sinne von Gänsebraten mit Grünkohl oder Hausmachersülze. Aber auch Pizza aus dem Steinofen, Flammkuchen und Zanderfilet mit frischem Pernod-Gemüse machen Appetit. Ideal nach einem Spaziergang durch den Britzer Garten (S.48). *Tgl. ab 9 Uhr, Buckower Damm 130, Bus M44 Britzer Garten*

Café Jaques ***[A2]***

Die französische Küche mit arabischen Nuancen wird abends bei Kerzenschein zum romantischen Erlebnis. Seeteufel auf Granatapfelsoße oder Safrantortellini zeugen von der Kreativität des Kochs.

Besitzer Ahmad Arssan berät bei der Weinauswahl. Besser vorher reservieren, da häufig gut besucht. *Tgl. ab 18 Uhr, Maybachufer 8, Tel. 694 10 48, U8 Schönleinstraße*

Gözleme ***[A4]***

Hausgemachte türkische Teigtaschen (Gözleme) und Tortellini (Mante) werden in diesem Imbiss-Restaurant täglich frisch zubereitet und mit vielerlei Füllungen angeboten. Häufig gut besucht, mit längeren Wartezeiten muss gerechnet werden. *Tgl. ab 9 Uhr, Karl-Marx-Str. 35, Tel. 613 41 34, U7 Rathaus Neukölln*

Hamy Café ***[A1]***

Zwar liegt dieses vietnamesische Imbiss-Restaurant schon in Kreuzberg, aber für ca. 5 Euro bekommt man eine große Schüssel leckere Suppe oder ein Tagesmenü - ein typischer Neuköllnpreis. Für den Verdauungsspaziergang bietet sich die Hasenheide (S.49) an. *Tgl. 12-24 Uhr, Hasenheide 10, Tel. 61 62 59 59, U7, 8 Hermannplatz*

Lavanderia Vecchia ***[A4]***

Eines der besten Lokale Neuköllns mit herausragender italienischer Küche und dem

Frische Teigtaschen bei Gözleme: auch zum Mitnehmen

kreativen Ambiente einer ehemaligen Wäscherei. Tipp: Inhaber eines Berlin-Passes können einmal im Monat kostenlos mittags essen, Termine siehe Internet. Für das Abendmenü (45 Euro, inkl. Wein) unbedingt reservieren. *Di-Fr 12-14.30 u.*

Di-Sa ab 19.30 Uhr, Flughafenstr. 46, 2. Hof, Tel. 627 22 152, www.lavanderiavecchia.de, U8 Boddinstraße

Riesige Schnitzel werden im Louis serviert

Louis ***[B3]***

Mit dem größten Schnitzel Berlins und anderen österreichischen Spezialitäten wirbt das schlicht eingerichtete Restaurant am Richardplatz. Das große Schweineschnitzel sollte man allerdings entweder zu zweit genießen oder auf die Kinderportion ausweichen. *Tgl. 11-23 Uhr, Richardplatz 5, Tel. 681 02 10, U7 Karl-Marx-Straße*

Restaurant Buchholz ***[E2]***

Spitzenkoch Matthias Buchholz hat im Gutshof Britz (S.27) 2011 ein rustikales Lokal eröffnet mit hübschem Biergarten, Landküche, aber auch Gourmetattitüden im Obergeschoss. *Tgl. ab 12 Uhr, Alt-Britz 81, Tel. 60 03 46 07, www. matthias-buchholz.de, U7 Parchimer Allee*

Rudower Bauernschänke ***[F3]***

Direkt neben der Dorfkirche Rudow (S.29) lädt diese traditionelle Pinte mit schönem Biergarten zum Bauernfrühstück oder abendlichen Bierzechen ein. *So-Di, Do, Fr ab 11, Mi, Sa ab 9 Uhr, Köpenicker Str. 171, Tel. 66 46 19 30, U7 Rudow*

Shaan ***[B3]***

Indische Küche und Cocktails im mittleren Preissegment locken hungrige Neuköllner an, zumal die Einrichtung wenig

Folklore verströmt, sondern eher an eine Lounge erinnert. Schöne Lage am Richardplatz mit Sommergarten *Tgl. 12-24 Uhr, Richardplatz 30, Tel. 68 08 93 82, www.shaan-restaurant.de, U7 Karl-Marx-Straße*

Silberlöffel ***[A2]***

Gemütliches Lokal mit mediterraner Küche und hübschen Holztischchen. Nach einem Einkauf auf dem Türkenmarkt (S.59) der richtige Ort, um eine Pause einzulegen. Kleiner Biergarten. *Tgl. 10-2 Uhr, Maybachufer 21, Tel. 62 90 00 43, www.silberloeffel-berlin.de, U8 Schönleinstraße*

Portrait

GEORGE WOJATZIS

Bekannt als Puffermann vom Hermannplatz ***[A2]***: George Wojtzis, lebt und arbeitet in Kreuzberg und ist trotzdem ein Neuköllner Original. "Kreuzberg und Neukölln bedeuten für mich das Gleiche: Viele Menschen mit verschiedenen Kulturen. Das gefällt mir", meint Wojatzis. Und der Hermannplatz ist der Schmelztiegel dieser Kulturen. Dort eröffnete der heute 50-jährige 1985 seine kleine Imbissbude, um Kartoffelpuffer und Eierkuchen nach Omas Geheimrezept zu verkaufen. Rund 300 Stück sind es seitdem täglich. Ein Puffer hat einen Durchmesser von ca. 10 cm! "Da ich in Berlin der einzige Pufferverkäufer bin, kommen Kunden von weit her", meint der gebürtige Dresdner. Ans Aufhören denkt Wojatzis nicht. Zumindest nicht "solange ich selbst noch gerne Puffer esse." *Tgl. ca. ab 10 Uhr, Hasenheide 4, U7, 8 Hermannplatz*

Tabibito ***[A4]***

Bereits 1980, lange vor dem Sushi-Boom, öffnete dieser Japaner in Neukölln. Mittlerweile ist das enge, gemütliche und meist gut frequentierte Restaurant nicht mehr wegzudenken. Außer Sushi gibt es auch warme Speisen und Suppen. *Tgl. 18-23 Uhr, Karl-Marx-Str. 56, Tel. 624 13 45, U7 Rathaus Neukölln*

Vecchia Cantina ***[F3]***

Unscheinbar versteckt sich diese gemütliche italienische Schänke in einem Hinterhof. Drinnen sieht es rustikal aus mit Holzvertäfelung, karierten Tischtüchern und vielen leckeren italienischen Spezialitäten, auch zum Mitnehmen von der Feinkosttheke. Am besten vorher reservieren. *Mo-Sa 12-23 Uhr, Alt-Rudow 43a, Tel. 66 92 29 66, www.vecchiacantina.de, U7 Rudow*

Villa Rixdorf ***[B3]***

Sonntags findet im lauschigen Biergarten hinter dem hübschen Haus (Bj. 1870) ein Antikmarkt statt. Dort kann man vom historischen Friseurstuhl bis zur Ritterrüstung alles besichtigen, was alt und wertvoll ist. Wer Hunger hat, bestellt am besten eine knusprige Holzofenpizza. Für mehrere Esser lohnt sich die Variante mit 1 m Durchmesser für ca. 15 Euro. Kinder lieben im Sommer den Eisstand im Hof. *Mo-Sa 12-1, So 11-1 Uhr, Richardplatz 6, Tel. 68 08-600, www.villa-rixdorf.de, U7 Karl-Marx-Straße*

Wirtshaus Hasenheide ***[A2]***

Hier kehren Kreuzberger und Neuköllner ein, um gut und günstig mit einem Frühstück in den Tag zu starten. Für 3,90 Euro kann man sich am Büfett (*Mo-Sa 9-14 Uhr*) bedienen, solange der Magen mitmacht. Sonntags wird es noch üppiger und kostet dafür 7,90 Euro. Wer es deftig mag, bestellt mittags das Eisbein für 12,90 Euro, inklusive Bier (0,5 l) und Korn. *Tgl. 9-2 Uhr, Hasenheide 18, Tel. 69 51 51 58, www.wirtshaus-hasenheide.de, U7, 8 Hermannplatz*

AUSGEHEN

BARS & KNEIPEN

Ä ***[A4]***

Gemütliche Eckkneipe mit günstigem Bier. Das Mobiliar ist in die Jahre gekommen, aber das sieht schön oldschool aus, mit Kerzen auf den Tischen und Folk-Gitarrengeschrammel oder Lesungen. *Tgl. ab 17 Uhr, Weserstr. 40/Fuldastr., Tel. 30 64 87 51, www.ae-neukoelln.de, U7 Rathaus Neukölln*

Ankerklause ***[A1]***

Bei Kaffee und warmen Speisen kann man sich mit Blick auf den Landwehrkanal von den Exzessen der Nacht erholen. *Mo ab 16, Di-So ab 10 Uhr, 1. Do im Monat Club ab 21 Uhr, Kottbusser Damm 104/ Ecke Maybachufer, Tel. 693 56 49, Eintritt Do 3 Euro, www.ankerklause.de, U8 Schönleinstraße*

Brauhaus in Rixdorf ***[C2]***

Das Bier wird nach spezieller Rezeptur in Brandenburg gebraut. Wiener Schnitzel, Eisbein mit Sauerkraut oder Weißwurst und Brez´n geben dazu eine zünftige Grundlage ab. Der Gasthof befindet sich in einer hübschen ehemaligen Industriellenvilla. Großer Biergarten mit Spielplatz. *Di-Do ab 16, Fr-So 11 Uhr, Glasower Str. 27, Neukölln Tel. 626 88 80, www.brauhaus-in-rixdorf.de, U-/S-Bahn Hermannstraße*

Broschek ***[A2]***

Halb Bar, halb Café mit Biobier und Premium Cola. Gegen den kleinen Hunger hilft die Tagessuppe und Spezialitäten aus Zyperns Küche. Dienstags und samstags wird Käsefondue auf Vorbestellung serviert, sonntags ab und an Braten. *So-Fr ab 18, Sa ab 14 Uhr, Weichselstr. 6, Tel. 0170/905 74 92, www.broschek-berlin.de, U7 Rathaus Neukölln*

Dilemma ***[A4]***

Kneipe, die schon seit langem dafür sorgt, dass Billard, Flippern, Skatturniere und Bowling in Neukölln keine Fremdwörter sind. Solide Küche, Aktionsangebote wie Spargellessen satt für 12 Euro. *Mo-Do ab 16, Fr-So ab 14 Uhr, Reuterstr. 23, Tel. 623 13 05, www.mydilemma.de, U7, 8 Hermannplatz*

Fincan ***[C2]***

Jazz und Filmkunst sind die Hauptthemen in der rauchfreien Kollektiv-Kneipe. Außerdem gibt es Konzerte, Hatha-Yoga (offener Kurs Di 18.30-20 Uhr, 8 Euro), Tangokurse und philosophische Diskussionen. An die Kleinen wird auch gedacht mit einem speziellen Kinderprogramm - Theater und Lesungen. *Mi-Mo 19-23, Altenbraker Str. 26, www.fincan.eu, U-/S-Bahn Hermannstraße*

Portrait

WILKO BEREIT

Ein waschechter Neuköllner muss Kindl mögen. Zumindest sieht das Wilko Bereit so. Der 39-jährige wohnt seit Kindesalter in der Nachbarschaft der mittlerweile geschlossenen Neuköllner Brauerei. Ungefähr so lange träumt er von seiner eigenen Brauerei. Konkreter wurde der Gedanke allerdings erst, als der Brauer nach der Meisterprüfung in Berlin keine Stelle bekam. „Wir hatten mal knapp dreihundert Brauereien hier. Jetzt gibt es eigentlich nur noch eine“, erzählt Bereit, und es klingt ein bisschen vorwurfsvoll. Seit 2009 braut er unterm Kindl-Kesselhaus *[A4]* Bier aus Bio-Rohstoffen. Am Wochenende zapft Bereit Rollberger Helles, Rotes oder Weizen in seiner Kneipe (S.76). Noch ist sein Rollberg-Bier ein Insidergetränk, aber das wird sich sicherlich bald ändern.

Freies Neukölln [A2]

Eckkneipe für studentisches Publikum und alle anderen, die gerne günstigen Landwein, Focaccia oder griechischen Salat mögen. Andechser, Flensburger und dunkles Krusovice gibt´s vom Fass. *Tgl. ab 12 Uhr, Pannierstr. 54/Ecke Weserstr., www.freies-neukoelln.de, U7, 8 Hermannplatz*

Schon eine Institution: Lange Nacht im Schillerkiez

Fuchs & Elster [A2]

Kultkneipe, Kiezcafé und Restaurant in einem - das Fuchs & Elster lädt zum gemütlichen Second-Hand-Sofa-Gedöse mit Berliner BierBier ein. *Tgl. ab 12 Uhr, Weserstr. 207, www.fuchsundelster.com, U7, 8 Hermannplatz*

Holzkohlenbar [A2]

Weiße Wände, Kerzenlicht und Bistromöbel - mehr muss nicht sein, um sich wohl zu fühlen. Wer den überbordenden Schick der Retrokneipen im Kiez satt hat, wird hier Erholung finden für die Augen. Whiskykenner schätzen den günstigen Laphroaig. *Tgl. ab 19 Uhr, Weserstr. 29, www.holz-kohlen.de, U7, 8 Hermannplatz*

Kachellounge [A4]

Eine der gemütlichsten Kneipen Neuköllns ist mit Kacheln von ausrangierten Öfen geschmückt sowie Sesseln und Sofas. Das junge Publikum dankt es mit regelmäßiger Einkehr und knallvollen Verhältnissen um Mitternacht. *Tgl. ab 18 Uhr, Weichselstr. 54, U7 Rathaus* Neukölln

Kinski ***[A2]***

Kulturverein mit Filmabenden (donnerstags), aber auch ganz normalem Kneipenbetrieb. Dienstags ist Piratenparteistammtisch. *Mi-Sa 21-1 Uhr, Friedelstr. 28, Tel. 62 40 91 37, www.kinskiclub.com, U8 Schönleinstraße*

Lange Nacht ***[A4]***

Gemütliche Mischung aus Kiezkneipe, Sportsbar (Großbildleinwand!) und Neuköllner Szenetreff mit Retro-Möbeln und wilder Tapete. Hier werden u.a. die Spiele des Hamburger 1. FC St. Pauli sowie der Tatort gezeigt. *Tgl. ab 18 Uhr, Weisestr. 8, Tel. 62 72 10 15, U8 Boddinstraße*

Major Grubert ***[A2]***

Bonjour Baguette: Französische Snacks wie Crêpes, Galettes, Pot au Feu, Quiches, Suppen oder Salate warten auf

Weserstraße [A2-B3]

Szenemeile und Partyzone: Jede Menge Kneipen und Bars ziehen jede Menge Publikum in die einstige Promenade für Kampfhunde. Schnell hat sich herumgesprochen, dass hier das Ausgehen nicht nur günstig, sondern auch cool ist. Besonders am Wochenende erinnert die Verhältnisse rund um die Weserstraße an internationale Amüsierviertel, wo man nicht nur gerne im Lokal, sondern auch davor steht. Gesprochen werden alle Sprachen des Planeten, so international wie hier ist Berlin selten.

hungrige Gäste und werden bis 23 Uhr serviert. Gut und günstig! Internationales Publikum, viele Studenten. *Di-So ab 16 Uhr, Hobrechtstr. 57/Pflügerstr., U8 Schönleinstraße*

Peppi Guggenheim *[A4]*

"Spe©ialgalerie Peppi Guggenheimer International Berlin" - allein der volle Name zeigt, dass es hier nicht allein ums Trinken geht. Zu österreichischer Limo und Cocktails wird Kunst gezeigt und auch gerne mal eine Käseprobe veranstaltet. Dart und Kicker kostenlos. *Tgl. ab 20 Uhr, Weichselstr. 7, Tel. 62 72 43 10, www.sgpgib.de, U7 Rathaus Neukölln*

Ringo *[A2]*

Retrostil mit Omas Tischen und Stühlen. Große Cocktailauswahl (ca. 5 Euro), solide Mixkenntnisse. *Mo-Sa ab 9, So ab 11 Uhr, Sanderstr. 2, Tel. 61 50 79 98, U8 Schönleinstraße*

Rollberg Privatbrauerei *[A4]*

Der Neuköllner Brauer Wilko Bereit (S.73) hat sich den Luxus gegönnt und eine kleine Kneipe

Kunst und Flaschenkultur im Peppi Guggenheim

in den Eingangsbereich seiner Bio-Bier-Brauerei auf dem Kindl-Gelände gebaut. Am Wochenende kommen die Gäste von Fern und Nah zum Testen seiner Sorten. *Do, Fr ab 17, Sa ab 13, So 17-23 Uhr, Werbellinstr. 50, Tel. 0163/604 63 50, www.rollberger.de, U8 Boddinstraße*

Schillerbar *[A4]*

In der Eckbar treffen sich zugezogene Studenten und Hipster, nebenan schmeckt der Schiller-burger. Dank übereifriger Linksautonomer hat der Laden eine coole Fassadenbemalung erhalten. *Tgl. ab 18 Uhr, Herrfurthstr. 7, www.schillingbar.de, U 8 Boddinstraße*

Schillingbar *[A2]*

Die rot schimmernde Bar ist bereits eine Institution. In geselliger Runde wird getrunken, gequalmt und Live-Musik oder dem Bargedudel vom Band gelauscht. *Tgl. ab 18 Uhr, Weserstr. 9, www.schillingbar.de, U7, 8 Hermannplatz*

Silverfuture *[A2]*

Viel Plüsch und Drag-Queen-Shows bringen Farbe in den Kiez. Das schräge Zentrum der Neuköllner Transvestiten-Szene zieht Publikum aus der ganzen Stadt an. Zumal die Getränke günstig sind. *So-Mi 14-2, Do-Sa 14-3 Uhr, jeder 1. Mo ab 18 Uhr, Weserstr. 206, Tel. 75 63 49 87, www.silverfuture.net, U7, 8 Hermannplatz*

Schillingbar: Nach dem vierten Bier sieht man nicht mehr klar

Valentin Stüberl *[A4]*

Eine bayrische Enklave in Neukölln: Das nach einer Kneipe in der Heimatstadt des Münchner Besitzers benannte Stüberl bietet Tegernseer vom Fass und alpenländische Küche. *Mo-Sa ab 18, So ab 16 Uhr, Donaustr. 112, Tel. 0171/322 89 42, www.myspace.com/valentinstueberl neukoelln, U7 Rathaus Neukölln*

Yuma Bar *[A2]*

Gepflegte Cocktails, Whisky und anderen Drinks: In Neukölln muss Ausgehen mit Stil nicht teuer sein. Gemischtes Publikum. Ab 22 Uhr legen DJs auf. *Tgl. ab 20 Uhr, Reuterstr. 63, Tel. 60 94 12 68, www.yuma-bar.de, U 7, 8 Hermannplatz*

CLUBS

Cube *[A4]*

Riesige Location in der alten Kindl-Brauerei mit Themenabenden (Musik) und eher jüngeren Besuchern. *Fr ab 23, Sa ab 22 Uhr, Rollbergstr. 26, Tel. 68 08 83 36, www.cubeberlin.de, U8 Boddinstraße*

Loftus Hall *[A2]*

In der früheren Kantine einer Spielautomatenfabrik wird vom Swing-Tanzabend über Karaoke bis zum Fifties-Sound ein vielfältiges Programm geboten. Hüttenatmosphäre. *Do-Sa 23-9 Uhr, Maybachufer 48, www.loftushall.de, U8 Schönleinstraße*

Huxleys Neue Welt *[A2]*

Der riesige traditionsreiche Ballsaal zwischen Baumarkt und Spielothek dient schon lange als Konzerthalle für Bands und SängerInnen. Phillip Boa, Bad Religion oder die strippenden Chippendales kommen deshalb gerne nach Neukölln. Regelmäßig findet auch ein Indoor-Flohmarkt statt. *Hasenheide 107-113, Tel. 78 09 98 10, www.huxleysneuewelt.com, U7, 8 Hermannplatz*

ÜBERNACHTEN

Hotels und Hostels

2a Hostel [C2]

Hübsche Designerherberge am S-Bahnring, der Richardkiez ist um die Ecke. Mit Fahrradverleih, Frühstück ab 1,20 Euro. Ein Schließfach ist im Preis mit enthalten, WC und Dusche in jedem Zimmer. 8-Bettzimmer ab 17 Euro pro Person, das Doppelzimmer kostet ca. 60 Euro.

Mit Wasseranschluss: Hotel Estrel an der Sonnenallee

Saalestr. 76, Tel. 63 22 63 30, www. 2a-hostel.de, U-/S-Bahn Neukölln

Best Western Euro-Hotel Berlin [A2]

Einmal um die Ecke und Sie stehen am Hermannplatz. Der Bus 171 (S.97), der einmal quer durch Neukölln fährt, hält direkt vor der Haustür. Schöner Wintergarten über den Dächern, in dem das Frühstücksbüffet jeden Morgen aufgebaut wird. Typischer 4-Sterne-Standard. *70 Zi., Sonnenallee 6, Tel. 0800-10 10 880, www.euro-hotel.net, DZ ab 106 Euro, U7, 8 Hermannstraße*

Estrel [D1]

Europas größter Hotelbau! Mit 1125 Zimmern und Suiten sowie eigenem Tagungs- und Kongresszentrum steigen hier viele Geschäftsleute ab, aber auch Privatreisende schätzen die kleine Hotelstadt mit Restaurants, Cafés, S-Bahnanschluss vor der Tür und eigenem Anleger am Neuköllner Schifffahrtskanal. Bekannt ist das Estrel auch für seine Büh-nenshows. *DZ ab 149 Euro, Frühstück 18 Euro, Sonnenallee 225, Tel. 68 31 23 45, www.estrel.com, S 41, 42 Sonnenallee*

Karibuni ***[A4]***

Familiär geführtes Hotel im Altbau mit individuell gestalteten Zimmern. Von Afrika inspirierte Möbel und Wandmalereien zeugen vom langen Aufenthalt der Besitzer auf diesem Kontinent. Karibuni heißt im Osten Afrikas "Guten Tag". *11 Zi., 1 Ap., Neckarstr. 2, Tel. 687 15 17, www.karibuni-hotel.de, DZ ab 46 Euro, U7 Rathaus Neukölln*

Hotel Erlanger Hof ***[A4]***

In der Nähe der quirligen Karl-Marx-Straße gelegen, können Sie von hier den Norden Neuköllns bequem zu Fuß unsicher machen. Der Reuterkiez mit Ateliers, Designerlabels und Bars ist keine fünf Minuten entfernt. Modern eingerichtete Zimmer in Alt-Berliner Gewerbegebäude. Es gibt auch 3- und 4-Bettzimmer. *33 Zi., Erlanger Str. 4, Tel. 62 98 99 75, www.erlanger-hof.de, DZ ab 69 Euro, U7 Rathaus Neukölln.*

Hüttenpalast ***[A2]***

Wohnwagen (ab 45 Euro) bieten Urlaubsgefühl, aber auch drei gemütliche Holzhütten stehen in der Fabriketage. Wer es lieber klassisch mag, bucht ein

Das Taute Heim

Bauhausfreunde aufgepaßt: Seit 2012 gibt es in der Hufeisensiedlung ***[E2]*** (S.27) ein Ferienhaus mit original Möbeln aus der Bauhausepoche. Sogar die Wandfarben (bunt!) sind so gestaltet, wie Bruno Taute es einst geplant hatte. Der Stil der 1930er-Jahre zieht sich auch durch den Garten, der historischen Plänen entsprechend bepflanzt wurde. Der Mietpreis ist allerdings hoch: Die 65 m² (3-Zimmer-Küche-Bad) kosten für drei Tage ab 500 Euro. *Infos und Buchung: Tel. 60 10 71 93, www.tautes-heim.de*

-Anzeige-

schlicht aber hübsch eingerichtetes Hotelzimmer (ab 65 Euro). *Hobrechtstr. 65-66, Tel. 37 30 58 06, www.huettenpalast.de, U7, 8 Hermannplatz*

Rixpack Hostel ***[A4]***

Wer nicht mehr als ein Bett und eine Dusche braucht, ist hier an der richtigen Adresse. Im historischen Gewerbehof trifft sich ein junges internationales Publikum. Ein Wohnwagen steht im Hof ebenfalls für Übernachtungsgäste bereit. *Karl-Marx-Str. 75, Tel. 54 71 51 40, www.rixpack.de, Bett ab 12 Euro, U7 Rathaus Neukölln*

Scube Park ***[A3]***

Sie sehen aus wie kleine Holzkisten: Die Scubes für bis zu vier Personen stehen auf einer Wiese neben dem Columbiabad (S.88). Je nach Größe kostet ein Zimmerwürfel 25-40 Euro pro Nacht und Person. *40 Kisten, Columbiadamm 160, Tel. 69 80 78 41, www.scube-parks.de, U8 Boddinstraße*

KINDER

Berlin Kart Center **[A4]**

752 Meter, 15 Kurven - auf Berlin größter Indoor-Kartbahn in einer Halle auf dem Gelände der ehemaligen Kindl-Brauerei lassen sich viele Runden drehen. Wenn gerade eine angemeldete Gruppe eine Serie fährt, muss man allerdings warten. *Mo-Do 13-22, Fr 13-24, Sa 11-24, So 11-22 Uhr, Werbellinstr. 50, Fahrt 11 Euro/10 Min.,Tel. 68 05 35 65, www.berlin-kart.de, U8 Boddinstraße*

Freilandlabor Britz **[E1]**

Entdeckungstouren in der Natur und Workshops zum Thema Umweltschutz mit Vogelbeobachtung und Pflanzenbestimmung machen Spaß und erziehen nebenher zum Leben im Einklang mit der Natur. Eldorado der kleinen Forscher ist der Britzer Garten (S.48), die hier auch Filzen oder Papierschöpfen oder mit Lehm bauen lernen. Nester von Hornissen können u.a. im Ausstellungspavillon beobachtet werden. Eingang *Sangershauser Weg 1, Tel. 703 30 20, www.freilandlabor-britz.de, Eintritt 3, erm. 1,50 Euro, Teilnehmergebühr 50 Cent, Bus M44 Britzer Garten*

Gropiuslerchen **[F1]**

Ihre Kinder singen gern? Hier gibt es für Groß und Klein die Möglichkeit u.a. an Proben und Wochenend-Workshops teilzunehmen und zu lernen, wie man den richtigen Ton trifft. Der Kinder- und Jugendchor tritt u.a. regelmäßig im Gemeinschaftshaus Gropiusstadt (S.39) auf. *Gemeinschaftshaus Gropiusstadt, Lipschitzallee 66, Tel. 51 05 82 10, www.gropiuslerchen.de, U7 Lipschitzallee*

Jugendclub Manege **[A2]**

Auf dem Campus Rütli toben sich Jugendliche kreativ aus, was man auch schon an der kunstvoll verzierten Fassade sieht. Im großen Saal mit Bühne spielen Kinder und Jugendliche Tischtennis, lernen Jonglieren oder Break- und Streetdance, studieren Choreographien ein und versuchen sich als DJs. Eine Kunstwerkstatt lädt zum Malen ein. *Mo-Fr 14-20 Uhr, Rütlistr. 1-3, Tel. 27 01 87 55, U7 Rathaus Neukölln*

Kinderkünstezentrum [B3]

Puppenbauen, malen oder Masken herstellen - das ist für Kinder nicht nur an Regentagen eine tolle Beschäftigung. Sonntags ist Familientag, und jeder kann unter Anleitung bauen, was das jeweilige Thema vorgibt (Themen siehe Internet). Werktags gibt´s ein Kursprogramm für Kita- und Grundschulgruppen (bis 9 Jahre). *So 11-18 Uhr, Ganghoferstr. 3, Eintritt 2,50, Familien 6 Euro, Tel. 030 60 97 78 90, www.kinder-kuenste-zentrum.de, U 7 Rathaus Neukölln*

Puppentheater-Museum [A4]

Eine einzigartige Sammlung von Figuren, Puppenbau-Workshops und Theaterauf-

Kinderbüro [A4]

Gespräche mit Politikern führen, die Stadt bei einer Rallye entdecken und für Kinderrechte eintreten - im Kinder- und Jugendbüro des Bezirks Neukölln können Kinder früh lernen, sich zu engagieren. Der Spielplatz soll schöner werden? Die Mitarbeiter erklären, an wen man sich wenden muss. Außerdem gibt es Ausstellungen zu wechselnden Themen. *Mittelweg 30, Tel. 56 82 27 44, www.kibue.net, U7 Karl-Marx-Straße*

führungen ziehen Kinder und Erwachsene aus der ganzen Stadt an. Schön gruselig: die Taschenlampenführungen freitags um 11 Uhr. *Mo-Fr 9-16, So 11-16.30 Uhr, Karl-Marx-Str. 135, Tel. 687 81 32, www.puppentheater-museum.de, Eintritt Museum 3 Euro, Puppentheater 5 Euro, U7 Karl-Marx-Straße*

Ritterland [E2]

Indoorspielplatz in Buckow mit allem, was das Mittelalter für Kinder faszinierend macht. Die Eltern sitzen auf Holzbänken unter einem künstlichen Baum, während die Kinder durch die Spielburg toben. *Tgl. 10-19 Uhr, Buckower Damm 191, Tel. 66 70 75 60, www.ritterland-berlin.de, Eintritt 3-5 Cent/Min., Eltern 1,50 Euro, Bus M 44 Britzer Garten*

Robin-Hood-Spielplatz [F4]

Die tolle Spielburg in Rudow zieht Kinder auch aus anderen Stadtteilen an. Hexenhaus, Piratenschiff und Baumhäuser animieren zum Klettern und Verstecken spielen. Größere werden mit Streetball und BMX-Parcours glücklich. *Elfriede-Kuhr-Str. 7, Bus 171 Lieselotte-Berger-Straße*

Tierpark Hasenheide [A1]

Hier können Kinder nicht nur heimische Haustiere kennen lernen, sondern auch Lamas und ein Kamel. Höckergänse und Pfauen gibt es ebenfalls. Insgesamt tummeln sich fast hundert Tiere im Gehege. Eintritt frei. *Tgl. 9-18 Uhr, Hasenheide, Tel. 61 10 19 06, U7, 8 Hermannplatz*

Wilde Rübe [B1]

Klettern, Seilbahn fahren, Schweine füttern, Kochen, Honig imkern oder Buden bauen - ein Paradies für wilde Jungs und Mädchen. *Di-Fr 12-18.30 Uhr, Sa 13-18 Uhr, Wildenbruchstr. 25, Tel. 56 82 78 45, www.wilde-ruebe.de, Bus 104 Harzer/Ecke Wildenbruchstraße*

BADEN & MEHR

BÄDER

Kombibad Gropiusstadt *[F1]*

Frisch renoviertes (2013) Frei- und Hallenbad zu Füßen der Hochhäuser mit jeweils einer 50-m-Bahn, Plansch- und großem Nichtschwimmerbecken. Wer im Sommer nicht nur faul auf der Wiese liegen will, kann Tischtennis spielen oder sich auf dem Kinderspielplatz austoben. Im Hallenbad werden im Winter Aquagymnastik- und Schwimmkurse angeboten. *Öffnungszeiten tel. erfragen, Lipschitzallee 27-33, Tel. 609 71 90, www.berlinerbaederbetriebe.de, Eintritt 4 Euro, erm. 2,50 Euro, U7 Lipschitzallee*

Sommerbad Neukölln *[A3]*

Neuköllner sagen Columbiabad: Hier toben sich nicht nur die Kids aus. Besonders beliebt ist die Tunnelrutsche (83 m!) sowie der Sprungturm mit 10-m-Brett. Auf der 50-m-Bahn ziehen Sportschwimmer ihre Bahn. Behindertengerechte Umkleidekabinen sowie zwei Wasserrollstühle und ein flacher Einstieg ins Mehrzweckbecken machen das Sommerbad auch für Behinderte attraktiv. *Juni-Sept. tgl. 8-20 Uhr, Columbiadamm 160, Tel. 627 88 30, Bus 104 Sommerbad Neukölln*

Stadtbad Neukölln *[B3]*

Zwei Schwimmbecken in historischem Gemäuer (S.28) ziehen nicht nur Schwimmer an, sondern auch Bewunderer des mit Säulen, Mosaiken und Wandmalereien verzierten Gebäudes. Mit Sauna. *Öffnungszeiten tel. erfragen, Ganghoferstr. 3, Neukölln, Tel. 68 24 98 12, www.berlinerbaederbetriebe.de, Eintritt 4 Euro, Sauna (Ta-geskarte) 14 Euro, U7 Rathaus Neukölln*

DIES & DAS

Eisstadion Neukölln *[C1]*

Zwei große Bahnen im Freien sorgen am Rande des Tempelhofer Felds (S.51) für Eislaufvergnügen unter freiem Himmel. Für Kinder ab vier Jahren bietet der „Neuköllner Sportfreunde e.V." Eislaufunterricht an. Montags und mittwochs kostet das Eislaufen ab 16 Uhr nur die Hälfte. Schlittschuhe können vor Ort ausgeliehen werden (4 Euro). *Mitte Okt.-Mitte März tgl. 9-12, 15-18 (So 14-17), 19-21.30 Uhr, Oderstr. 182, Eintritt 3,30, erm. 1,60 Euro, Tel. 62 80 44 03, www.eislaufen-berlin.de, U-/S-Bahn Hermannstraße*

Holmes Place **[A2]**

In diesem gut ausgestatteten Fitnessstudio mit Pool machen Männer und Frauen zu fast jeder Tageszeit eine sportliche Figur in verschiedenen Kursen und beim Fitnesstraining an Geräten. Sauna und Solarium. tägliche Kinderbetreuung. *Mo-*

Glatteis in Neukölln: Am schönsten im Eisstadion in der Oderstraße

Fr 6.30-23 Uhr, Sa, So 10-22 Uhr, Hasenheide 109 (Neue Welt), Tel. 62 72 58 00, www.holmesplace.de, ab 59 Euro/Monat, U7, 8 Hermannplatz

Minigolf Hertzbergplatz ***[B3]***

Ein kleines Holzhäuschen, drumherum ein paar grüne Zweige und mehrere Betonbahnen mit kleinen Vertiefungen - Minigolf hat in Neukölln sein Zuhause. Hier kann auch Pit-Pat (Billardgolf) gespielt werden. *Do, Fr 14-20, Sa, So 11-20 Uhr, in den Schulferien Di-Fr auch 13-20 Uhr, Sonnenallee 165, Runde 2,90, erm. 2 Euro, Tel. 56 82 47 04, www.minigolf-hertzbergplatz.de, Bus M41, 171 Hertzbergplatz*

Skatepark Columbiadamm ***[A3]***

Auf dem betonierten Gelände mit Rampen, Rails und Treppenstufen gegenüber vom Sommerbad (S.88) lässt sich mit dem Skateboard, dem BMX oder mit Inlinern prima tricksen. *Columbiadamm, Bus 104 Sommerbad Neukölln*

T-Hall ***[B3]***

Eine Halle mit 11 m hohen Kunstfelsen zieht Kletterer aus der ganzen Stadt an. Anfänger und Profis haben die Wahl zwischen 130 Kletterrouten. Tipp: Schnupperklettern samstags 11 bis 12 Uhr nur 6 Euro. *Mo-Fr 12-24, Sa, So 10-22 Uhr, im Sommer je nach Wetter kürzer, Thiemannstr. 1, Tel. 68 08 98 64, www.t-hall.de, S 41, 42 Sonnenallee*

TiB ***[A3]***

Verein mit breitem Angebot. Besonders die Tanz- und Tennissektion (10 Plätze, mit eigener Halle) ist bekannt für ihre Erfolge bei Turnieren. Tanzkurse gibt es auch für Schwule und Lesben (*www.pinkballroom.de*). Schöne Sportanlage gegenüber vom Tempelhofer Feld (S.51). *Columbiadamm 111, Tel. 611 01 00, www.tib1848ev.de, Bus 104 Friedhöfe Columbiadamm*

T O U R E N

GRÜNES NEUKÖLLN

Neukölln verbindet man für gewöhnlich nicht mit Bäumen, Flüssen und Teichen. Dabei gibt es derlei reichlich. Diese rund dreistündige Tour führt Sie durch die grüne Neuköllner Landschaft. Nachdem Sie sich ein Fahrrad organisiert haben (S.106), startet die Rundtour am Volkspark Hasenheide (Eingang Hasenheide) ***[A1]***

1. Etappe (30 Min., 8km)

Nachdem Sie die Steigung links vorbei am Jahn-Denkmal ***[A3]*** (S.21,S.49) passiert haben, können Sie es sich im Sattel bequem machen. Von nun an Richtung Columbiadamm am Südende des Parks radeln. Auf der anderen Straßenseite liegt zwischen der Jahn-Sporthalle und dem Imbiss Zwickis (günstige Currywurst) ein kleiner Weg, der zur Oderstraße ***[A3]*** führt. In diesen fahren Sie hinein. Nach einigen Metern sehen Sie zu Ihrer rechten das 303 ha große Tempelhofer Feld (S.51).

2. Etappe (20 Min., 5km)

Die Oderstraße fahren Sie nun Richtung Süden, bis diese zur Eschersheimer Straße wird und schließlich in die Gottlieb-Dunkel Straße mündet, der Sie rechts durch den Stadtteil Tempelhof folgen. Die Straße heißt dann später Rixdorfer Straße ***[E1]*** und endet nach etwa 3 km. Für Sie geht es nun links in die Britzer Straße ***[E1]***. Zu Ihrer rechten liegt eine Grünfläche mit Tümpeln, dahinter lädt der Britzer Garten ***[E1-2]*** (S.48) zu einem Spaziergang ein. Fahrräder müssen draußen bleiben. Also abschließen und loslaufen.

3. Etappe (15 Min., 4 km)

Nach einem Rundgang und Rast im Café am See geht es wieder auf den Drahtesel. Fahren Sie rechts in die Mohriner Allee zum Buckower Damm ***[E2]*** immer geradeaus. Entlang der Straße Alt-Britz passieren Sie nun Schloss Britz (S.27) und die Dorfkirche. Kurz bevor Alt-Britz in die Blaschkoallee mündet, führt ein kleiner Waldweg in den Park rund um den Fennpfuhl ***[C4]***. Den Tümpel lassen Sie rechterhand liegen und nutzen die erste Möglichkeit zum links Abbiegen. Dann gleich rechts in die Onkel-Bräsig-Straße. Auf Höhe der Fritz-Karsen-Schule (S.14) fahren Sie links direkt auf den Kopf des "Hufeisens" zu. Sie sind jetzt mitten im Weltkulturerbe Hufeisensiedlung (S.27).

4. Etappe (15 Min., 4km)

Die Onkel-Bräsig-Straße ***[C4]***. führt führt bis zur Parchimer Allee ***[E2]***. Diese wieder rechts abbiegen. Die Straße endet in einem asphaltierten Waldweg. Sie folgen nun immer der Straße - mit all ihren Windungen vorbei am Museum Neukölln (S.34) - bis zur Gutschmidtstraße. Der auf der anderen Straßenseite fortgesetzte Waldweg führt Sie schon bald auf eine Y-Kreuzung. Hier fahren Sie links und anschließend immer geradeaus bis zur Johannisthaler Chaussee. Am Einkaufszentrum Gropius Passagen (S.54), das nun vor ihnen liegt, geht es rechts durch die Häuserschluchten der Gropiusstadt (S.26) bis zum Kölner Damm in den Sie links einbiegen.

Meckern im Gutspark Britz hinter dem Schloss

5. Etappe (25 Min., 6,5km)

Nun wird es etwas knifflig. Da Sie nach ca. 1 km an die Grenze zu Brandenburg stoßen, führt ein Teil der Strecke den, einmal um das ehemalige West-

Berlin führenden Mauerweg entlang. Um auf diesen zu gelangen, müssen Sie die Schienen überqueren um kurz dahinter in den parallel zum Kölner Damm verlaufenden Waldweg zu biegen. Folgen Sie nun der Ausschilderung des Mauerwegs. Vorbei am Ex-Todesstreifen und einer damals von West-Berlin angemieteten Müllkippe auf DDR-Gelände erreichen Sie das Rudower Fließ. Zuerst auf der rechten, dann auf der linken Bachuferseite fahrend gelangen Sie auf die Groß-Ziethener Chaussee ***[F3]***. Hier rechts abbiegen und schon sind Sie in Alt-Rudow. In die gleichnamige Straße links hineinfahren.

6. Etappe (35 Min., 8,5 km)

Im Rudower Ortskern können Sie in der Gaststätte Zum alten Krug (*Mo, Di, Do 16-22, 12.30-22, Sa, So ab 11 Uhr, Alt-Rudow 59* ***[F3]***, *Tel. 663 30 22*) eine Pause einlegen. Das Lokal ist über zweihundert Jahre alt. Biegen Sie danach von der Straße Alt-Rudow rechts ab in die Krokusstraße. Diese bis zum Ende radeln, dann rechts. Auf der Stubenrauchstraße bleiben Sie nur kurz, um gleich wieder links in den Seidelbastweg einzubiegen. Nach knapp 300 m geht es rechts in einen Waldweg. Dieser führt Sie an den Teltowkanal. Dem Kanal links folgen, nach 3 km führt der Weg zwischen Kanal und Schrebergärten entlang. Zwischendurch muss nur die Johannisthaler Chaussee überquert werden. Schließlich mündet der Weg in die Späthstraße. Kurz hinter der Marzipanfabrik Lemke (S.58) führt ein kleiner Pfad rechts zurück zum Kanal. Diesmal müssen Buschkrugallee und Britzer Damm überquert werden, bevor Sie den Tempelhofer Weg erreichen.

7. Etappe (15 Min., 4 km)

Hier fahren Sie rechts, bis der Tempelhofer Weg in die Gottlieb-Dunkel Straße mündet. Kommt Ihnen etwas bekannt vor? Hier waren Sie schon mal!

Biegen Sie rechts ab, dann bald wieder links in die Eschersheimer Straße und schon sind Sie wieder am Flughafen Tempelhof. Über die Hasenheide geht es zurück zum Hermannplatz. Durst? Ein Absacker im Wirtshaus Hasenheide (S.70) ist jetzt genau das Richtige.

RUND UM DEN RICHARDPLATZ

Sie wollen Neuköllns Geschichte erkunden? Rund um den Richardplatz ***[B3]*** gibt es nicht nur Spuren des historischen Rixdorfs (S.24) zu entdecken, sondern auch ehemals besetzte Häuser und - Frösche!

1. Etappe

Starten Sie am besten an der alten Schmiede in der Mitte des Richardplatzes und staunen Sie über die dörfliche Architektur mit hübschen Gründerzeitfassaden ringsum. In der Schmiede wird noch gearbeitet. Aber auch ein Frauenzentrum hat hier Unterschlupf gefunden. In der Villa Rixdorf

Im Biergarten der Villa Rixdorf kann man prima Pause machen

(S.70) auf der Südseite des Platzes befindet sich hinter dem Haus ein lauschiger Biergarten, den sollten Sie sich für das Ende der Tour merken. Haben Sie genug gesehen, spazieren Sie die Richardstraße entlang in nördliche Richtung.

2. Etappe

Linkerhand kommt nach 50 m der Comenius-Garten (S.48) in Sicht. Drücken Sie den Türknopf und tauchen Sie ein in dichtes Grün mit Obstbäumen und hören Sie die Bienen summen. Die kommen von einem ehemals besetzten Haus, dass auf der linken Seite an den Park grenzt. Die Bewohner der Hausgemeinschaft schmieren sich morgens Neuköllner Honig aufs Brot. Und, quakte da nicht gerade ein Frosch? Richtig, der fühlt sich wohl im kleinen Teich, über den eine Brücke führt.

3. Etappe

Wieder in der Richardstraße gehen Sie links weiter und biegen rechts in die Kirchgasse ab. Das Denkmal, das dort auf dem Platz steht, erinnert an König Friedrich Wilhelm I., der es den wegen ihres Glaubens verfolgten Böhmen erlaubte, sich anzusiedeln und Böhmisch-Rixdorf (S.24) zu gründen. Im ehemaligen Schulhaus des Dorfes links vom Denkmal befindet sich ein kleines Museum (S.34), das die Geschichte der einstigen Bewohner dokumentiert.

4. Etappe

Nach dem Besuch der Ausstellung über die Böhmen gehen Sie durch ein Tor in der Mauer rechts vom Schulhaus. Diese Mauer ist mindestens genauso alt wie das Schulhaus und begrenzte einst das Dorf. Dahinter befindet sich ein idyllischer Weiher, geradeaus aber sieht es trist aus. Hier soll ein interkultureller Garten angelegt werden.

5. Etappe

Rechterhand führt nun ein Weg entlang einiger restaurierter Scheunen und Ställe, die zu

Wohnhäusern umgebaut wurden. Am Wochenende sieht man einige Bewohner mit Gummistiefeln und Schubkarre bei der Gartenarbeit.

6. Etappe

Hinter den Scheunen gehen Sie durch ein hölzernes Tor und - Überraschung - stehen wieder auf dem Richardplatz. Zeit für einen Café in der Villa Rixdorf. Vorher sollten Sie aber noch einen kurzen Blick in die böhmische Bethlehemskirche (S.29) werfen. Vielleicht gibt es gerade ein Konzert?

BUS 171

Wer einmal alle Facetten Neuköllns kennenlernen möchte, nimmt am besten den Bus 171. Vom Hermannplatz bis Rudow führt er durch fast alle Stadtteile. Entweder man bleibt einfach sitzen und lässt den Bezirk an sich vorüberziehen, oder man steigt öfter mal aus und macht kleine Rundtouren zu Fuß im jeweiligen Kiez. Die reine Fahrzeit bis Rudow beträgt 47 Minuten ohne Stau, was eher selten ist.

Mit dem Bus 171 auf großer Fahrt durch Neukölln

1. Etappe

Steigen Sie vor dem Hotel Best Western (S.80) in der Sonnenallee/Ecke Hermannplatz in den Ein- oder Doppeldeckerbus. Wenn Sie Glück haben, erwischen Sie einen der vorderen Plätze. Von dort hat man die beste Sicht. Staunen Sie über die vielen arabischen Brautgeschäfte am Wegesrand.

2. Etappe

Am Bahnhof Sonnenallee biegt der Bus rechts ab in die Saalestraße. Von hier können Sie das alte Rixdorf (S.24) erkunden. Weiter geht es mit dem Bus Richtung Süden unter dem Stadtring und der Autobahn hindurch Richtung Hufeisensiedlung (S.27). Steigen Sie an der Haltestelle Onkel-Herse-Straße aus und gehen Sie in der UNESCO-Siedlung auf Tour.

3. Etappe

Steigen Sie einfach wieder in den Bus, der in der Regel im 10- bis 20 Minuten-Takt fährt und fahren Sie weiter am riesigen Vivantes Klinikum (S.104) vorbei. Nun sind Sie schon in Buckow ***[E4]*** (S.10), dem Dorf, das seit 1920 zu Neukölln gehört.Dörflich sieht es hier aber überhaupt nicht aus, denn dort wo der Bus langfährt, befindet sich die Großsiedlung Gropiusstadt (S.26) mit Hochhäusern und interessanter Architektur. Mitten zwischen den Häusern befindet sich die Jungfernmühle (Bj. 1734) in der Goldammerstraße 34 ***[F1]*** mit einem rustikalen Restaurant (*Di-So 12-23 Uhr, Tel. 662 02 72, www.jungfernmuehle.de*). Wollen Sie hier einkehren, steigen Sie an der Haltestelle Lipschitzallee/Rudower Straße aus und folgen der Lipschitzallee in südliche Richtung. An der ersten Querstraße geht es rechts, dann sind sie schon fast da. Der Name erinnert an eine tödlich verunglückte Müllerstochter, die 1757 bei der Besichtigung der Mühle von deren Flügeln erfasst und auf der Galerie zerschmettert wurde.

4. Etappe

Der 171er fährt Sie immer weiter gen Süden bis nach Rudow. Dort sollten Sie an der Bushaltestelle Neuköllner Straße/Zwickauer Damm aussteigen und einen Gang durch den alten Ortskern machen. Folgen Sie in Fahrtrichtung der Neuköllner Straße und biegen Sie linkerhand in die Straße Alt-Rudow ein. Hier kommen Sie vorbei an einer Creperie (S.62) und hübschen alten (Dorf)-Häusern.

5. Etappe

Sie sind mit Kindern unterwegs? Dann sollten Sie am U-Bahnhof Rudow am Ende der Straße Alt-Rudow wieder in den Bus steigen und bis zum Themenpark Robin-Hood (S.86) weiterfahren. Dort gibt es nicht nur eine tolle Spielburg, sondern auch Hexenhaus, Piratenschiff und Baumhäuser. Erwachsene ohne Nachwuchs setzen sich in Rudow in die U-Bahn und fahren zurück zum Ausgangspunkt Hermannplatz. Hier belohnt der Puffermann (S.69) mit Berlins größten Reibekuchen den Ausflug.

MIT DEM SCHIFF

Brückenfahrt

Wer von Neukölln aus Berlin entdecken möchte, sollte am Anleger an der Kottbusser Brücke ***[E4]*** in ein Schiff der Reederei Riedel steigen. In

Ahoi: Brückenfahrt auf dem Landwehrkanal

ca. drei Stunden schippern Sie über Landwehrkanal und Spree durch die City. *2x tgl. April-Okt., Tel. 691 37 82, www.reederei-riedel.de, Ticket 16 Euro, U8 Schönleinstraße*

Auf dem Teltowkanal

Neukölln vom Wasser aus können Sie auch mit den Ausflugsdampfern der Stern- und Kreisschifffahrt erleben. Vom Treptower Hafen ***[B2]*** geht´s über den Britzer Zweig- auf den Teltowkanal. In Britz kann man am Delfter Ufer ***[D3]*** aussteigen und z.B. mit dem Bus 171 (S.97) weiter durch Neukölln fahren. *Tel. 536 36 00, www.sternund kreis.de, Ticket 10,50 Euro, S 41, 42 Treptower Park*

FÜHRUNGEN

Berlin Bike Tour

Mit dem Fahrrad von Weingut zu Weingut - auf der Route „Berliner Weinstraße Süd" steuert der Radtouranbieter auch zwei Neuköllner Weinberge an. Von Kreuzberg geht es über den Rebgarten der Neuköllner Carl-Legien-Berufsschule zum Britzer Weingut (S.51). Zwischendurch wird der Wein getestet. *Termine siehe Internet, Treffpunkt S-Bahn Bornholmer Straße, Berlin-Wedding, Dauer 4 Std., Ticket 23 Euro, Tel. 31 95 95 31, www.berlinerweinstrasse.eu*

Berliner Unterwelten

Im dunklen Keller der stillgelegten Kindl-Brauerei erfährt man Interessantes über die Geschichte der Braukunst. Achtung Taschenlampe und festes Schuhwerk mitbringen. *Start: Privatbrauerei Am Rollberg, Werbellinstr. 50* ***[A4]****, Dauer ca. 90 Min., Ticket 10 Euro, Tel. 49 91 05 18, www.berliner-unterwelten.de, U8 Boddinstraße*

Comedy im Bus

Zum Piepen: Comedystars zeigen im Rahmen einer Busrundfahrt ihre ganz eigene Sicht auf Neukölln. *Start Motzstr./Kleiststr. (U1, 2 Nollendorfplatz),*

Dauer ca. 2 Std., Ticket 23 Euro, Tel. 61 10 13 13, www.comedy-im-bus.de

Frauentouren

Beate Neubauer (Historikerin) und Claudia von Gélieu (Politikwissenschaftlerin) haben sich der Geschichte des weiblichen Geschlechts verschrieben. Die Widerstandskämpferin Olga Benario ist genauso Thema, wie die Entstehung des Frauenviertels in Rudow oder türkische und arabische Migrantinnen in Nord-Neukölln. *Dauer ca. 2 Std., Ticket 10 Euro, Tel. 626 16 51, www.frauentouren.de*

Portrait

Reinhold Steinle

Als Schwabe in Neukölln möchte man natürlich gerne aufräumen, und das tut Herr Steinle auch: Vorurteile ausmerzen, Halbwissen wegfegen und vor allem - die Schuhe schnüren und losziehen. Robert Steinle, der im wirklichen Leben ganz anders heißt, führt denn auch mehrmals wöchentlich interessierte Neuneuköllner durch die Straßen (siehe auch S. 102) rund um den Richardplatz und Schillerkiez und fabuliert im schönsten Schwäbisch über die Geheimnisse des Neuköllner Stadtlebens. Sein Markenzeichen ist die Aktentasche, der Regenschirm ("Wenn ich den dabei habe, regnet es nie") und eine Gerbera. Mit dieser Aufmachung ist der 52-jährige nicht zu übersehen. Wie so vieles in Neukölln, denn: "Hier gibt es auch Sehenswürdigkeiten, nicht nur den Problembezirk."

Neuköllntouren

Von der Geschichte der Juden in Neukölln, der Entstehung des Berliner Mauerstreifens, der Architektur in Alt-Britz bis zum Weltkulturerbe Hufeisensiedlung kann man auf über zwanzig verschiedenen Stadtführungen den Bezirk kennenlernen. Im Programm sind auch Rad- und Literaturtouren. *Dauer ca. 2 Std., Ticket 5, erm. 3,50 Euro, Tel. 682 47 80, www.neukoellntouren.de*

Reinhold Steinle

Ein Schwabe mit Dialekt, brauner Aktentasche und Gerbera erklärt Neukölln. Dieses einfache aber erfrischend andere Konzept macht Reinhold Steinle zum Original unter den Berliner Stadtrundführern. Seine drei Touren gehen durch das alte Rixdorf, den Richard- und den Schillerkiez. Sonderführungen auf Wunsch. *Dauer ca. 90 Min., Ticket 10, erm. 7 Euro, Tel. 53 21 74 01, www.reinhold-steinle.de*

Route 44

Migrantinnen führen durch ihren Kiez, zeigen eine Moschee von innen und berichten aus ihrem Alltag. Hier erfahren Teilnehmer, wie es für Frauen und Mädchen aus Neukölln ist, in einem der spannendsten und spannungsreichsten Bezirke Berlins zu leben. Neu sind u.a. Touren von und über spanische und italienische Migranten in Neukölln. *Kontakt u. Buchung Kulturbewegt e.V., Tel. 70 22 20 23, www.route44-neukoelln.de, Dauer ca. 2 Std., Start Richardplatz, Ticket 3 Euro, U7 Karl-Marx-Straße*

Stattreisen

"Friedhöfe in Neukölln" heißt eine Führung u.a. über Pfarrer, sündige Tänzerinnen oder „Helden“ der Kriege. Mit Besuch der Ausstellung zum Zwangsarbeiterlager auf dem St. Thomas-Friedhof. *Dauer 2 Std., Treffpunkt U-Bhf. Hermannstraße Bahnsteig, Ticket 9,50 Euro, Tel. 455 30 28, www.stattreisenberlin.de*

GUT ZU WISSEN

Ankunft / Abfahrt

Vom Hermannplatz ...

... zum Alexanderplatz

U8 Hermannplatz bis Alexanderplatz (10 Min.)

... zum Flughafen Schönefeld

U7 Hermannplatz bis Rudow, Bus X7 Rudow bis Flughafen Schönefeld (30 Min.)

... zum Hauptbahnhof

U8 bis Alexanderplatz, S7 Alexanderplatz bis Hauptbahnhof (25 Min.), oder M41 (24 Min.).

... zum Ostbahnhof

U8 Hermannplatz bis Jannowitzbrücke, S7, 9, 75 bis Ostbahnhof (14 Min.)

... zum Zoologischen Garten

U7 Hermannplatz bis Berliner Straße, U9 Berliner Straße bis Zoologischer Garten (23 Min.) oder Bus M29 bis Wittenbergplatz (40 Min.), 5 Min. Fußweg.

Ärztliche Versorgung

Apotheke am Hermannplatz [A2]

Mo-Fr 8.30-19 (Mi 13.30-14.30 geschl.), Sa 9-14 Uhr, Hermannplatz 9, Tel. 623 70 46, U7, 8 Hermannplatz

Hufeisen-Apotheke [E2]

Mo-Fr 8.30-18.30 Uhr, Sa 8.30-13 Uhr, Parchimer Allee 84, Tel. 606 40 14, U7 Parchimer Allee

Medeco Zahnklinik [A4]

Akute Zahnnotversorgung 7 Tage/Woche. Mo-Fr 7-21, Sa, So 9-19 Uhr, Karl-Marx-Str. 27, Tel. 627 30 90, www.medeco.de, U7, 8 Hermannplatz

Vivantes Krankenhaus [B2]

Mit zwei Rettungsstellen und Kinderklinik. Mehr als 3.500 Babys kommen hier jährlich zur Welt. Tipp: das Institut für Tabakentwöhnung. *Rudower Str. 48, Tel. 130 14-0, Rettungsstelle -31 02, Kinderrettungsstelle -8250, www.vivantes.de, Bus 171 Rudower Straße*

BIBLIOTHEKEN

Bibliothek im Gemeinschaftshaus *[F1]*

Bibliothek im Kulturzentrum Gemeinschaftshaus Gropiusstadt (S.39), die u.a. Lesungen für Kinder anbietet. *Di-Fr 14-19 Uhr, Bat-Yam-Platz 1, Tel. 902 39 14 23, www.stadtbibliothek-neukoelln.de, U7 Lipschitzallee*

Britz Süd *[E2]*

38.000 Medien für Kinder und Erwachsene. Zwei kostenlose Computer mit Internetzugang. *Mo, Di, Fr 13-19, Do 10-15, Gutschmidtstr. 33-35, Tel. 902 39 12 23, www.stadtbibliothek-neukoelln.de, U7 Britz-Süd*

Helene-Nathan Bibliothek *[A4]*

Größte Bibliothek des Bezirks mit Hörbuchabteilung und türkischer Literatur im 6./7. Stock des Shoppingzentrums Neukölln-Arcaden. Benannt nach der Bibliothekarin Helene Nathan. Achtung: Der Eingang versteckt sich über dem Parkhaus. *Mo-Fr 12-20, Sa 10-13 Uhr, Karl-Marx-Str. 66 (Eingang Post Fahrstuhl bis Parkdeck 4), Tel. 902 39 43 41, U7 Rathaus Neukölln*

Helene-Nathan-Bibliothek in den Neukölln Arcaden

Kurdische Bibliothek *[C2]*

Größte kurdische Bibliothek Deutschlands mit ca. 16.000 Titeln. Publikationen zu den Herkunftsstaaten der Kurden und zur kurdischen Diaspora. *Mo-Fr 10-16 Uhr, Emser Str. 26,*

Tel. 62 60 70 32, www.kurdologie.de, U-/S-Bahn Neukölln

Rudow ***[F3]***

Stadtteilbibliothek in der Clay-Oberschule mit zwei kos-

Mit dem Fahrrad kann man prima Neukölln erkunden

tenlosen Internetzugängen und 37.000 Medien zur Ausleihe. *Mo-Do 13-19 Uhr, Bildhauerweg 9 Tel. 902 39 12 23, www.stadtbibliothek-neukoelln.de, U7 Zwickauer Damm*

FAHRRADVERLEIH

Velothek Berlin ***[A2]***

Für 8 Euro pro Tag ein stabiles Rad mieten. Fahrradladen für Vintage-Räder. *Mo-Sa 10-19 Uhr, Bürknerstr. 29-30, U8 Schönleinstraße*

Rad Mobil Rudow ***[F4]***

Wer nach einer Neuköllntour mit dem Bus 171 (S.97) aufs Fahrrad umsteigen möchte, ist hier richtig: Räder werden für 8 Euro pro Tag verliehen. *Mo-Fr 9-18, Sa 9-13 Uhr, Lieselotte-Berger-Str. 41, Tel. 66 86 85 65, Bus 171 Lieselotte-Berger-Straße*

Nextbike

Für 1 Euro pro Stunde oder 8 Euro am Tag verleiht Nextbike Reklame verzierte Räder. Im Internet kann man sehen, wo die freien Räder stehen. Hinfahren, die Kundenhotline anrufen und das Fahrradkennzeichen angeben, danach wird ein Zahlencode per SMS aufs Handy versendet. Mit dem

Code das Schloss öffnen und losfahren. *www.nextbike.de*

INTERNETADRESSEN

www.berlinneukoelln-aktuell.de

Im Stil einer Zeitung mit Nachrichten aus Neukölln

www.körnerkomplizen.de

Nachrichten und Infos rund um den Körnerkiez.

www.neukoelln-update.de

Webseite des Kulturnetzwerk Neuköllns e.V., Veranstalter von 48-Stunden-Neukölln (S.33). Guter Überblick über die Neu-

Portrait

Tanja Dickert

Aufgewachsen ist die Mitgründerin der Neuköllner Touristinformation KGB (S.108) am Mauerstreifen hinter dem S-Bahnhof Köllnische Heide, und dort wohnt sie immer noch. Anfang der 90er Jahre war sie Mitglied der 44-Cool-Girls-Gang und engagierte sich gegen Rechts. Später kam ein Studium der Publizistik dazu. Das Interesse für die böhmischen Wurzeln Rixdorfs wurde durch ihren tschechischen Schwager geweckt. Seitdem pflegt sie zusammen mit anderen den deutsch-tschechischen Freundschaftsgedanken, organisiert Veranstaltungen und kreiert T-Shirts ("Neukölln macht glücklich") und Souvenire. "Andere nehmen Urlaub, ich entwerfe ein neues Buttonmotiv, um mich zu entspannen," so die 40-jährige.

köllner Kunst- und Kulturszene plus Veranstaltungen.

www.neukoellner.net

Sehr guter Veranstaltungskalender plus aktuelle Nachrichten aus und über Neukölln. Von Kurzfilmwanderungen, Urban Gardening und der Entwicklung auf dem “Platz der Stadt Hof”.

TOURISTINFO

Neukölln Info Center [A4]

Die Touristinformation des Bezirksamt befindet sich im Rathaus Neukölln. Hier sind Bezirkspläne, Tipps und Veranstaltungsflyer erhältlich. Beratung und persönliche Information zum Leben in Neukölln. *Mo-Do 9-17, Fr 9-15.30 Uhr, Karl-Marx-Str. 83, Tel. 902 39 35 30, U7 Rathaus Neukölln*

Kreativ Gesellschaft Berlin [B3]

KGB 44, wie sich der Info- und Serviceladen am Richardplatz nennt, bietet Nützliches für Touristen. Tgl. *12-20 Uhr, Hertzbergstr. 1, Tel. 53 21 74 01, www.kgb44.de, U7 Karl-Marx-Straße*

VERANSTALTUNGS-KALENDER

JANUAR

Berliner Treppenlauf

Großes Wettrennen im höchsten Wohnhaus Deutschlands, dem Hochhaus in der Fritz-Erler-Allee 120, Gropiusstadt (S.26). *www.tus-neukoelln.de*

MÄRZ / APRIL

Britzer Baumblütenfest

Neben dem Gelände des Gutsparks Britz (S. 27) lädt im April ein Rummel mit ca. 40 Schaustellern zum Amüsieren ein.

Osterfest im Britzer Garten

Eiersuchen und viele andere Aktionen für Familien im Britzer Garten (S.48)

MAI

Neuköllner Maientage

Rummel in der Hasenheide (S.49) mit Karusells, Bierzelt und Schießbuden.

Karneval der Kulturen

Am Hermannplatz ***[A2]*** startet am Pfingstsonntag der bunte Umzug mit Tänzerinnen

NOTDIENSTE

Polizei: 110

Notarzt/Feuerwehr: 112

Ärztl. Bereitschaftsdienst: .... Tel. 31 00 31

Berliner Aids-Hilfe: ....Tel. 19411

Berliner Krisendienst: .... Tel. 390 63 10

DRK Rettungsdienst, Krankentransport: .... Tel. 1 97 27

Drogennotdienst: ... Tel. 192 37

Frauenkrisentelefon: .... Tel. 615 42 43

Giftnotruf: .... Tel. 192 40

Jugendnotdienst: Tel. 61 00 62

Kinderärztlicher Notdienst: .... Tel. 31 00 31

Kindernotdienst: Tel. 61 00 61

Privatärztlicher Notfalldienst: .... Tel. 89 00 91 00

Servicenummer der Berliner Polizei: .... Tel. 46 64 46 64

Tierärztlicher Notdienst: .... Tel. 83 22 90 00

Zahnärztlicher Notdienst: .... Tel. 89 00 43 33

Zentraler Hebammenruf: .... Tel. 21 42 771

und Tänzern samt Musik aus fast allen Ländern der Welt.

Rudower Frühlingsmeile

Themenfest mit Ständen, Aktionen, Bühnenprogramm und Tanz für Jung und Alt.

JUNI

Alt-Buckower Dorfangerfest

Buntes Festtreiben mit Ständen und Blaskapelle im alten Dorfkern von Buckow (S.10). In der Dorfkirche (S.29) findet außerdem ein Kleiderbasar statt.

Fête de la Musique

Zum Sommeranfang am 21. Juni gibt´s Musik umsonst und draußen: z.B. in der Boddin- ***[A4]*** und Reuterstraße ***[A2-4]***.

Sprach- und Lesewoche

Alles dreht sich um Literatur, Sprache und Schreiben mit Wettbewerben, Lesungen und Theateraufführungen an vielen Neuköllner Orten.

Sommersonnenwendfest

Im Britzer Garten (S.48) wird am dritten Samstag im Juni der Sommeranfang gefeiert, u.a. mit großem Feuerwerk.

48 h Stunden Neukölln

Größtes Kultur- und Straßenfest Berlins mit mehr als 600 Veranstaltungen (S.33).

Winzerfest

Am Haupteingang Sangerhauser Weg ***[E1]*** des Britzer Gartens präsentieren sich drei Tage lang deutsche und internationale Winzer mit Ständen und Verkostung.

JULI

Britzer Rosenfest

Straßenfest am 1. Sonntag im Juli mit Kulturprogramm und Wahl der Rosenkönigin.

AUGUST

Feuerblumen und Klassik Open Air

Klassische Orchester geben im Britzer Garten (S.48) ihr Bestes. Zum Abschluss wird die Feuerwerksmusik von Georg Friedrich Händel gespielt. Dazu leuchtet ein Höhenfeuerwerk.

Lange Nacht der Museen

Spannend: Nachts im Museum Neukölln (S.34) auf Spurensuche gehen und 99 Dinge entdecken.

SEPTEMBER

Rudower Herbstmeile

Am ersten Septemberwochenende wird im Dorfkern von Rudow ***[F3]*** gefeiert mit Strandbar und Live-Musik.

Popráci - Rixdorfer Strohballenrollen [B3]

Dreißig Mannschaften mit je vier Teilnehmern rollen riesige Strohballen am Richardplatz (S.20) und kämpfen um den Großen Strohballroller-Wanderpokal, gestiftet von der tschechischen Botschaft. Mit buntem Bühnenprogramm, Hiphop-Bands und Klezmer-Balkan-Punk vom SkaZka Orchestra.

Tasmania

Fußballfans kennen die Geschichte: 1965 wird dem einzigen Berliner Bundesligaclub Hertha BSC die Lizenz entzogen. Da die Liga einen Verein aus der Mauerstadt dabei haben will, wird der Dritte der Regionalliga, der Neuköllner SC Tasmania 1900, befördert. Doch die Saison endet in einem Desaster. Mit zwei Siegen und 15 Toren geht Tas als schlechteste Mannschaft in die Geschichte der Bundesliga ein. Tasmania heißt heute SV Tasmania Berlin e.V. (*www.tasmania-berlin.de*).

Tag des offenen Denkmals

Historische Bauten öffnen ihre Pforten, u.a. die ehemalige Kindl-Brauerei ***[A4]*** (Rollbergstr.)

OKTOBER

Festival Schloss Britz *[E2]*

Internationaler Hindemith Wettbewerb für junge Geiger und Pianisten. *www.hindemith-wettbewerb.de*

Luftikus Drachenfest *[E1-2]*

Im Britzer Garten steigen Anfang Oktober die tollsten Drachen in den Himmel.

NOVEMBER / DEZEMBER

Martinsumzug *[E1-2]*

Großer Laternenumzug im Britzer Garten (S.48) am 11.11. um 16 Uhr.

NachtundNebel

Neuköllner Kunstnacht (18-24 Uhr) mit offenen Galerien, Lesungen, Performances, Tanz, Theater und Musik Anfang November. Barrierearm, mit Veranstaltungen für Sehbehinderte. *www.nachtundnebel.info*

Alt-Buckower Adventsmarkt *[E2]*

Traditioneller Weihnachtsmarkt am 1. Advent an der Buckower Kirche (S.29) mit Ponyreiten, Weihnachtsmann, Konzerten und Karussell.

Alt-Rixdorfer Weihnachtsmarkt *[B3]*

Einer der schönsten Weihnachtsmärkte der Stadt rund um den Richardplatz (S.20) u.a. mit Kunsthandwerk, Bühnenprogramm und Neuköllner Wein (S.51) am 2. Adventswochenende.

Weihnachtsmarkt Rudow [F3]

Ebenfalls am 2. Advent duftet es in Alt-Rudow nach Glühwein und Lebkuchen. Es gibt Konzerte, Selbstgebackenes und Kunsthandwerk.

nzeige-

as Wochenendabo der taz mit sonntaz. Für 12,90 Euro im Monat.
o@taz.de | (0 30) 25 90 25 90 | www.taz.de/we

INDEX

GUT ZU WISSEN

INDEX

Autoren

Christine Berger schreibt seit vielen Jahren Reiseführer, u.a. für Marco Polo, Falk und National Geographic.

Phillip Wilke hat keine Mühen gescheut, Neukölln auch in abgelegenen Gegenden zu erkunden.

Bildredaktion, Gestaltung

Christoph Klopp

Kartographie:

Alle Karten doggerbank-verlag

Die Karte der ÖPN-Verkehrsadern Neuköllns auf Seite 120 wurde von Phillip Wilke erstellt. Man beachte: je fetter die Linie, desto höher die Taktung. Ausgewählte Haltestellen sind Umsteigemöglichkeiten und Endhaltestellen.

Bildnachweise:

Alle Bilder DerKlopp

Außer:

S.4/5 Monique Wüstenhagen (Huxleys Neue Welt)

S.19 Jwnabd /Gemeinfrei § 5 Abs. 1 UrhG modifizierter Hintergrund

S.33 Foto: Andrej Glusgold / KünstlerIn: Marco Canevacci / plastique fantastique

S.39 Güner Balci, privat

S.45 Frank Zander

S.51 Britzer Weingut

S.69 Phillip Wilke

S.85 Kinderbüro

S.93/S.101/S.107 Christine Berger

S.109 Rainer Sturm/pixelio

S.110 Laljak, Alexander

Bilder ohne Bildunterschrift:

Titelbild: Karneval der Kulturen

S.3 Fuchs & Elster

S.4 Kneipe in Nord Neukölln, die es nicht mehr gibt

S.4 In der Gropiusstadt

S.4/5 Huxleys Neue Welt

S.5 Weserstraße

S.6/7 Verbesserungsvorschlag an "S Sonnenallee"

S.118 Am Ende von Berlin, Neukölln- dem Rudower Fließ gefolgt

Wir danken

für die freundliche Unterstützung durch das Bezirksamt Neukölln, Abteilung Wirtschaftsförderung

Rechte

Das Werk ist, wenn nicht anders ausgewiesen urheberrechtlich geschützt, einschließlich aller seiner Teile. Ohne Zustimmung des Verlages ist eine urheberrechtliche Verwertung unzulässig und strafbar. Das gilt vor allem für Vervielfältigungen, Übersetzungen, Nachahmungen, Mikroverfilmungen und die Einspeicherung und Verarbeitungen in elektronischen Systemen.

Wir übernehmen keine Haftung.

2. komplett überarbeitete Auflage

Redaktionsschluss: November 2012

© doggerbank verlag, Berlin

Redaktion:
Pionierberlin, Christine Berger

Herstellung:
Christoph Klopp

Liebe Leserin und lieber Leser

Kein Weg war zu weit, um Ihnen Informationen aus erster Hand zu bieten. Sollten Sie dennoch einen Fehler entdecken, senden Sie gerne eine Mitteilung an:

info@doggerbank-verlag.de
-Stichwort Neukölln-

www.doggerbank-verlag.de

NEUKÖLLN

KARTENTEIL

NEUKÖLLN

Kartenübersicht

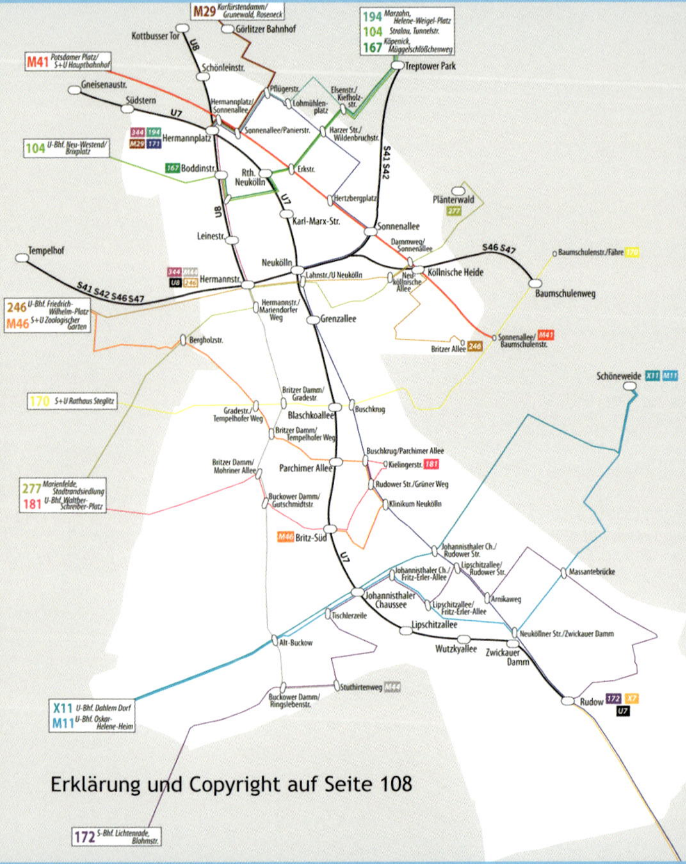

Erklärung und Copyright auf Seite 108

KARTENTEIL

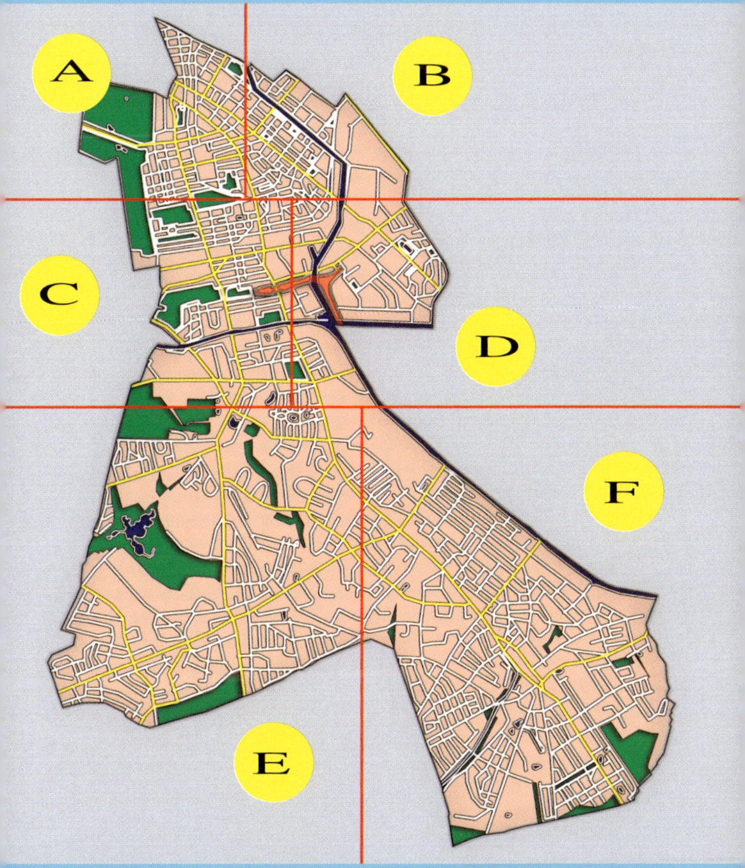

NEUKÖLLN

A
1 Herrfurthstr. [A2]
2 Neckarstr. [A4]
3 Erlanger Str. [A4]
4 Kottbusser Brücke [A1]
5 Saalestr. [B3]
Kottbusser Tor
U8
U1
Kottbusser Damm
Wiener Str.
Bürknerstr.
Maybachufer
Sanderstr.
Pflügerstr.
Lenaustr.
Hobrecht
Friedelstr.
Reuterstr.
Weserstr.
Pannierstr.
Rütlistr.
Urbanstr.
Boppstr.
Hasenheide
Hermannplatz
U7
Kleiner Tierpark
Turnvater Jahn
Wissmannstr.
Weichselstr.
Sonnenallee
Donaustr.
Karl-Marx-Strasse
Amtsgericht
Columbiadamm
Sehitlik Moschee
Flughafenstr.
Hermannstr.
Boddinstr.
Erkstr.
Alte Kindl Brauerei
Selchower Str.
Rollbergstr.
Werbellinstr.
Herrfurthplatz
Schillerpromenade
Weisestr.
Kienitzer Str.
Oderstr.
Tempelhofer Feld
Mittelweg
1
2
3
4

KARTENTEIL

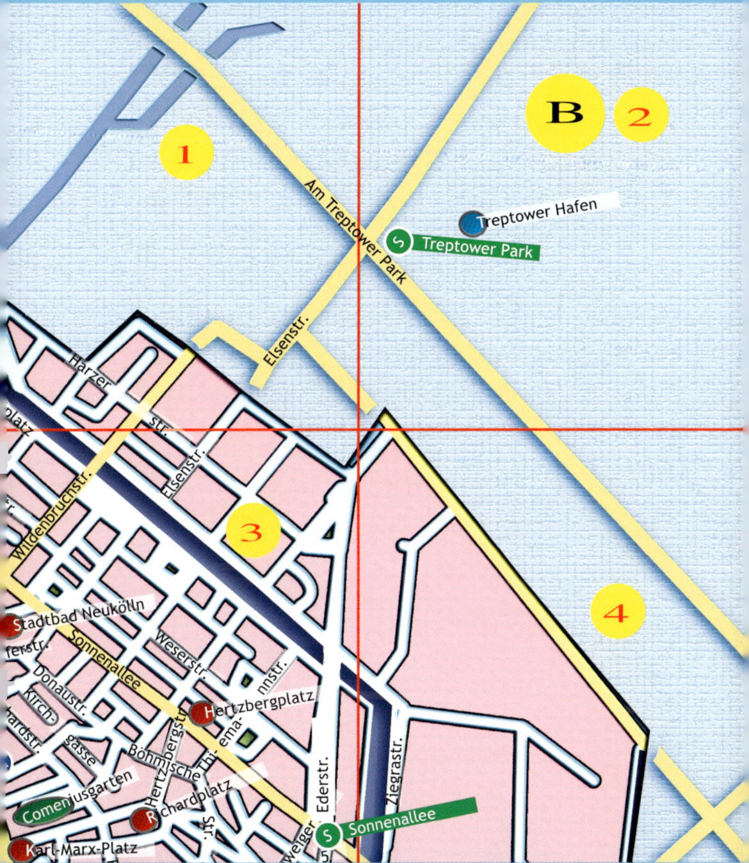
B
1
2
3
4
Am Treptower Park
Treptower Hafen
Treptower Park
Elsenstr.
Harzer
str.
Elsenstr.
Wildenbruchstr.
Stadtbad Neukölln
Sonnenallee
Weserstr.
Donaustr.
Kirch-
gasse
Hertzbergplatz
Böhmische
Richardplatz
Comeniusgarten
Karl-Marx-Platz
Ederstr.
Ziegrastr.
Sonnenallee

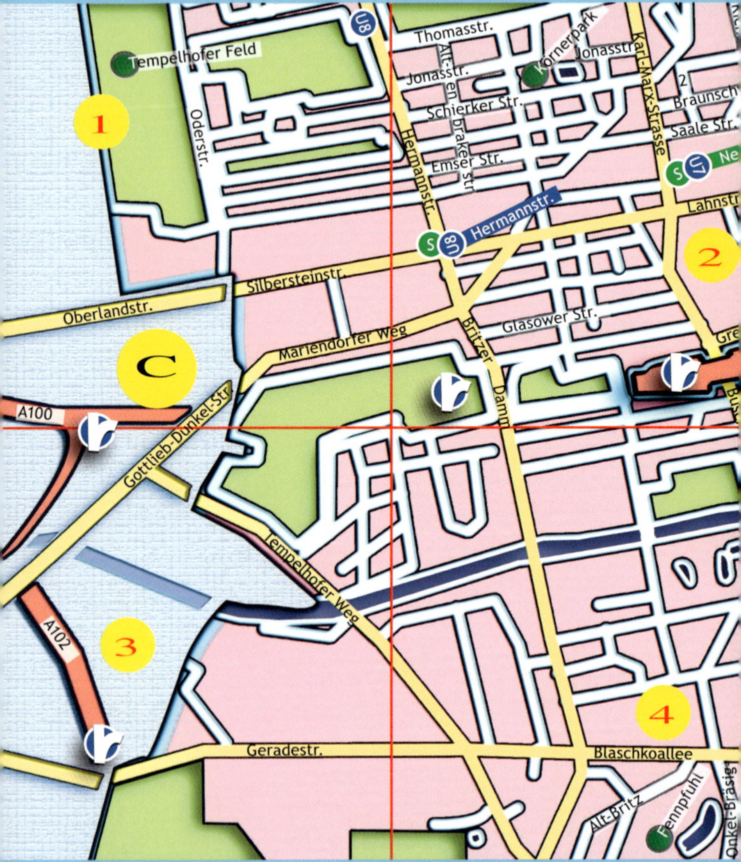
Tempelhofer Feld
U8
Thomasstr.
Körnerpark
Jonasstr.
Jonasstr.
Schierker Str.
Emser Str.
Hermannstr.
Karl-Marx-Strasse
Saale Str.
S U7
Lahnstr.
S U8 Hermannstr.
Oderstr.
1
2
C
3
4
Silbersteinstr.
Oberlandstr.
Mariendorfer Weg
Glasower Str.
Britzer Damm
A100
Gottlieb-Dunkel-Str.
Tempelhofer Weg
A102
Geradestr.
Blaschkoallee
Alt-Britz
Fennpfuhl
Onkel-Bräsig

KARTENTEIL

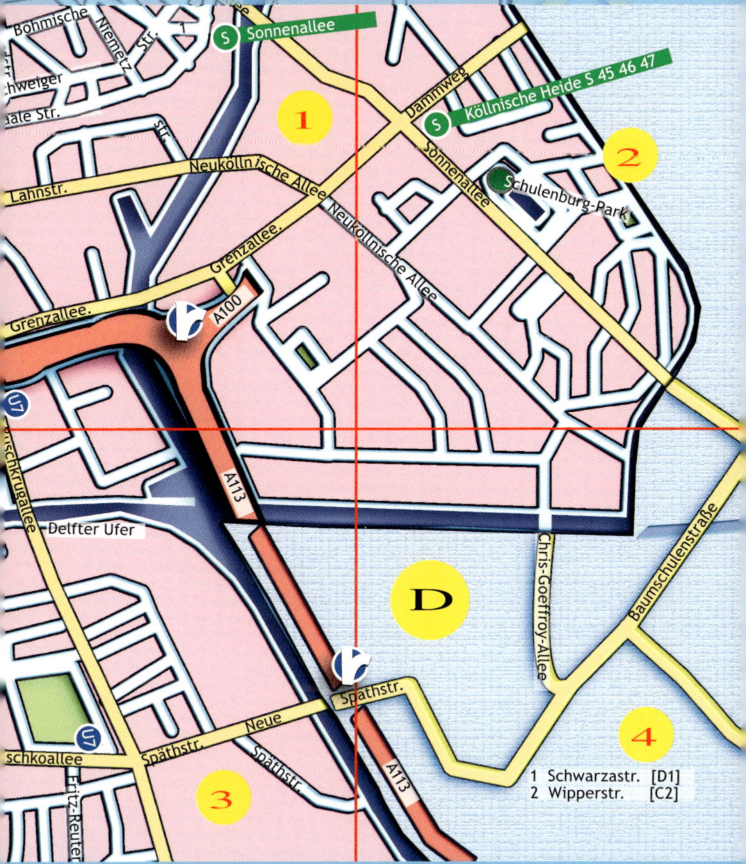

Sonnenallee
Köllnische Heide S 45 46 47
Dammweg
Sonnenallee
Schulenburg-Park
Neuköllnische Allee
Neuköllnische Allee
Lahnstr.
Grenzallee.
Grenzallee.
A100
A113
A113
Delfter Ufer
Chris-Goeffroy-Allee
Baumschulenstraße
Spathstr.
Neue
Späthstr.
Späthstr.
Fritz-Reuter
Niemetz
Böhmische
U7
U7
1
2
3
4
D
1 Schwarzastr. [D1]
2 Wipperstr. [C2]

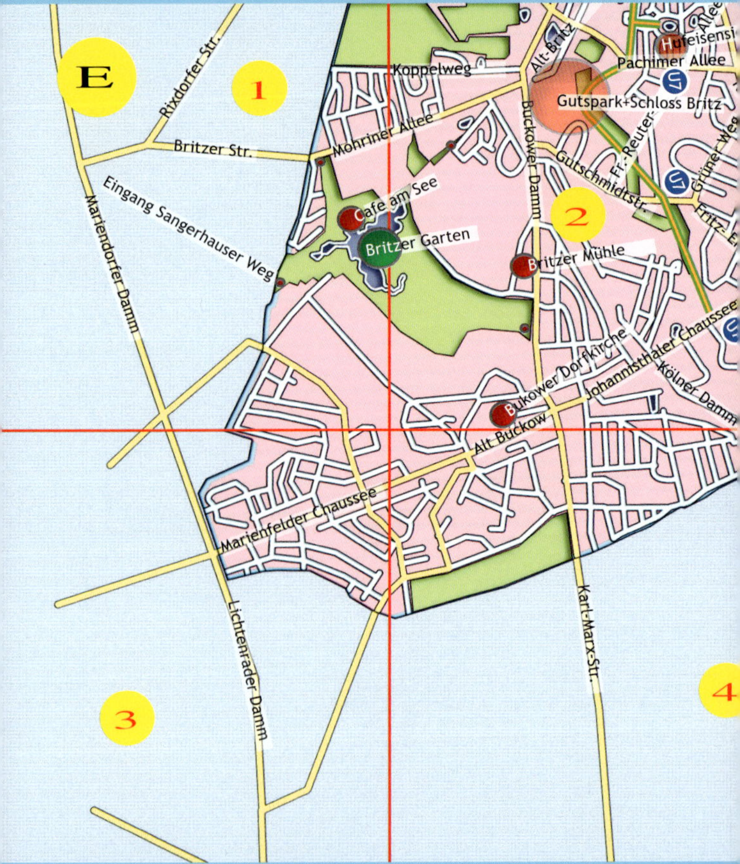
E
1
2
3
4
Rixdorfer Str.
Britzer Str.
Eingang Sangerhauser Weg
Mariendorfer Damm
Koppelweg
Mohriner Allee
Cafe am See
Britzer Garten
Alt-Britz
Buckower Damm
Gutspark+Schloss Britz
Hufeisensi
Pachimer Allee
Allee
U7
Gutschmidtstr.
Fr.-Reuter-
Grüner Weg
Fritz-E
Britzer Mühle
Bukower Dorfkirche
Johannisthaler Chaussee
Kölner Damm
Alt Buckow
Marienfelder Chaussee
Lichtenrader Damm
Karl-Marx-Str.

KARTENTEIL

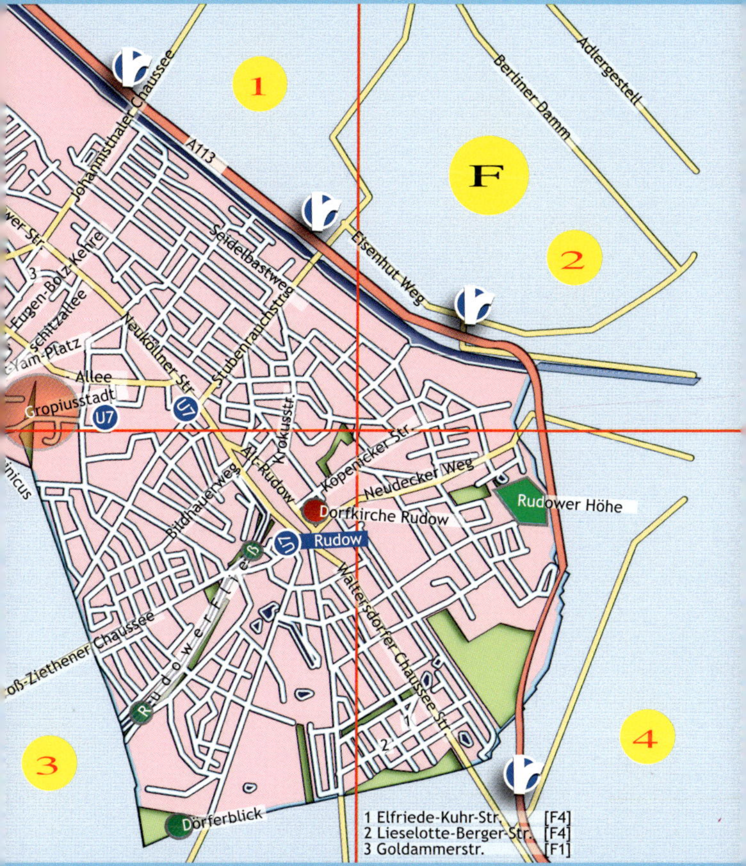
1
F
2
3
4
Adlergestell
Berliner Damm
A113
Johannisthaler Chaussee
Seidelbastweg
Eisenhut Weg
Eugen-Bolz-Kehre
Neuköllner Str.
Stubenrauchstraße
Allee
Gropiusstadt
U7
Krokusstr.
Köpenicker Str.
Neudecker Weg
Rudower Höhe
Alt-Rudow
Bildhauerweg
Dorfkirche Rudow
Rudow
Waltersdorfer Chaussee
Rudower Fließ
Dörferblick
1 Elfriede-Kuhr-Str. [F4]
2 Lieselotte-Berger-Str. [F4]
3 Goldammerstr. [F1]